Otto Hophan

SÃO PAULO
o Apóstolo das Gentes

2ª edição

Tradução
Emérico da Gama

QUADRANTE

São Paulo
2024

Título original
Die Apostel. Paulus

Copyright © 2007 Quadrante Editora

Capa
Gabriela Haeitmann

Dados Internacionais de Catalogação na Publicação (CIP)

Hophan, Otto
 São Paulo, o Apóstolo das Gentes / Otto Hophan — 2ª ed. —
São Paulo: Quadrante, 2024.

 ISBN: 978-85-7465-710-3

 1. Paulo, Apóstolo, Santo I. Título

CDD-270.092

Índice para catálogo sistemático:
1. Santos cristãos : Vida e obra 270.092

Todos os direitos reservados a
QUADRANTE EDITORA
Rua Bernardo da Veiga, 47 - Tel.: 3873-2270
CEP 01252-020 - São Paulo - SP
www.quadrante.com.br / atendimento@quadrante.com.br

SUMÁRIO

PAULO, O APÓSTOLO DAS GENTES 5

"É PARA MIM UM VASO DE ELEIÇÃO" 11

"LEVARÁ O MEU NOME AOS GENTIOS" 51

"EU LHE MOSTRAREI TUDO O QUE TERÁ
   DE SOFRER PELO MEU NOME" 143

PAULO, O APÓSTOLO DAS GENTES

Paulo! Paulo é o alfa e o ômega — o primeiro e o último — e o compêndio de todos os Apóstolos, gigante entre eles, verdadeiro "super-Apóstolo", que com legítimo orgulho pôde escrever de si mesmo: "Trabalhei mais que os outros Apóstolos"[1].

Com toda a razão, a liturgia e a arte colocam-no ao lado de São Pedro, e Pedro, o primeiro no poder das chaves, parecerá mais modesto junto daquele que foi o primeiro no espírito e nas obras. No entanto, Paulo designa-se a si mesmo, com humilde arrependimento, como "o menor dos Apóstolos", como "um abortivo", "indigno

---

(1) Cf. 1 Cor 15, 10.

de ser chamado Apóstolo", porque "perseguiu a Igreja de Deus"[2]. A modo de símbolo dessas palavras, ocupa realmente o último lugar no Colégio Apostólico, mesmo depois de Matias.

No entanto, ainda que não pertença ao grupo dos Doze, Paulo defende apaixonadamente que deve ser reconhecido como Apóstolo no sentido próprio e estrito em que eles o são. Porque também ele viu o Senhor, o Senhor ressuscitado, condição que Pedro exigia para se eleger um novo Apóstolo[3]. E o Senhor o chamou e enviou diretamente, tal como aos demais Apóstolos, e mais diretamente que a Matias[4]. Paulo confirma e ao mesmo tempo amplia o conceito de Apóstolo.

Se a chamada e a missão do Senhor lhe foram comunicadas com a mesma legitimidade que aos Doze, foram-no de maneira

---

(2) Cf. 1 Cor 15, 8-9.

(3) Cf. At 1, 21-22 e 1 Cor 15, 7.

(4) Cf. At 1, 13-26 e Gl 1, 15.

diferente, porque Paulo não foi chamado pelo Senhor quando caminhava pela terra, mas pelo Senhor glorificado. O conceito dos antigos Apóstolos esclarece-se com ele e o do seu apostolado com o deles. Os Doze provam que Paulo foi Apóstolo, e Paulo é a figura que conclui e resume o que os Doze fizeram. Dele desprende-se uma luz sobre aquela nobre série de homens simples que se sacrificaram por Cristo.

É um pouco duro não podermos dedicar aqui senão um punhado de páginas à extraordinária figura deste Apóstolo[5]. O seu caso não é como o de alguns outros Apóstolos, de quem mal encontramos uma palavra para relatar a história da sua vida. Nele acontece exatamente o contrário: a dificuldade está em termos de abordar muito por alto tantas coisas elevadíssimas e belas. As catorze Cartas que dele nos chegaram são

---

(5) Para uma biografia completa do Apóstolo, veja-se Joseph Holzner, *Paulo de Tarso*, Quadrante, São Paulo, 1994 (N. do T.).

catorze vulcões que jorram luminosos e ardentes de um imenso mundo interior e que com frequência apenas permitem rastrear o seu caráter e o seu trabalho inauditos. A elas acrescentam-se os Atos dos Apóstolos, em cuja segunda parte encontramos a história de Paulo relatada por Lucas com base nas suas observações pessoais, nas notícias proporcionadas por outros e em algumas das Cartas ainda não coligidas na época. Quem se atreverá a esgotar tão ricas fontes? Paulo é sempre mais do que dele se pode escrever.

Temos, no entanto, uma frase divina de uma só linha que o abarca por inteiro. Quando Ananias, o tímido discípulo de Jesus, vacila em cumprir a indicação de procurar Saulo que acabava de ser derrubado do cavalo e diz: "Senhor, já muitos me falaram de todo o mal que esse homem fez aos teus santos de Jerusalém", o Senhor responde-lhe com suave ironia: "Vai, porque esse homem é para mim um vaso de eleição. Ele levará o meu nome aos gentios e aos reis e aos filhos de Israel. Eu lhe mostrarei tudo o que terá de sofrer pelo meu nome"[6].

Nessa definição dada pelo Senhor, encerram-se todo o caráter e toda a vida de Paulo:

— o que ele é: um *vaso de eleição*;
— o que fez: *levou o nome do Senhor a toda a humanidade*;
— o que sofreu: foi *tanto que o próprio Deus se admirou*.

---

(6) Cf. At 9, 10-19.

"É PARA MIM UM VASO DE ELEIÇÃO"

As imagens de São Paulo que a arte nos deixou representam-no como um homem majestoso, de alta estatura, com ar de líder. No Latrão, levanta a mão direita em atitude imperiosa, como um rei diante do seu povo, enquanto com a esquerda empunha a espada e o Evangelho.

Alguns indícios respigados das suas Cartas, bem como antiquíssimos relatos da sua vida, embora apócrifos, estão em desacordo com essa imagem física. Por um trecho de uma das suas Cartas, sabemos que se comentava dele que tinha um aspecto ruim[1]. Quando, em Listra, uma multidão entusiasmada quis oferecer sacrifícios

---

(1) Cf. 2 Cor 10, 10.

a Barnabé e a ele, como se fossem deuses, deram a Barnabé, que era alto e de porte imponente, o título de Zeus, que era o pai dos deuses, e a ele o de Mercúrio, por ser quem tinha a palavra[2].

As Atas de São Paulo, um apócrifo do século II, também não o descrevem de aspecto majestático, mas como um homem "de baixa estatura, calvo, de pernas arqueadas, embora toda a sua figura deixasse transparecer uma grande nobreza e agrado". A sua presença em público e a sua oratória — quem se atreveria a imaginá-lo nesse gigante do espírito? — não estavam livres de tropeços e hesitações: "Apresentei-me entre vós num estado de fraqueza, de desassossego e de temor"[3]. Os seus adversários acusavam-no, talvez não sem motivo, de que as suas Cartas "são imperativas e veementes, mas [...] a sua palavra é desprezível"[4].

---

(2) Cf. At 14, 12.

(3) 1 Cor 2, 3.

(4) 2 Cor 10, 10.

Paulo sofre também de frequentes achaques, como se depreende de uma frase sua bem conhecida e frequentemente mal interpretada: "Foi-me dado um espinho na carne, mensageiro de Satanás, que me esbofeteia para que não me ensoberbeça"[5]. Na Epístola aos Gálatas, refere-se a uma doença dolorosa que sofreu quando esteve com eles, tão persistente que teria chegado a constituir uma "provação" para a comunidade[6].

Mas nem essa nem outras passagens semelhantes dão pé para saber qual foi a doença, embora muitos tenham suspeitado de que se tratava de epilepsia ou de uma febre intermitente e alta como a malária. Muitas das frases das suas Cartas mostram que foi duramente afligido pela sua fraqueza física. Esperava ansiosamente pelos tempos em que o poder do Salvador "transformará o nosso mísero corpo,

---

(5) 2 Cor 12, 7.

(6) Cf. Gl 4, 13.

tornando-o semelhante ao seu corpo glorioso"[7].

Essa vitória do seu espírito sobre a fraqueza física é um triunfo tão admirável que bastaria por si só para refutar as modernas heresias que cultuam e veneram o corpo. Paulo é o exemplo clássico de que um homem, por maior que seja a sua debilidade corporal, pode chegar a ser um transbordante vaso de eleição. Esse homem pequeno e enfermiço desenvolveu um trabalho mais poderoso que o de todas as legiões romanas que tantas vezes marcharam pelos caminhos que o Apóstolo percorreu, cansado e coberto de pó.

Tarso

A infância é uma *ouverture* que preludia com sonoros acordes o tema da vida que há de vir. Paulo apresenta-se com estas palavras: "Eu sou judeu, nascido em Tarso da

---

(7) Fl 3, 21.

Cilícia"⁸. Era de Tarso, não da insignificante Betsaida, nem da pequena Cafarnaum, nem mesmo de Jerusalém.

Situada a vinte e seis quilômetros do moderno porto de Mersina, a sudeste da Turquia, a cidade de Tarso fora escolhida por Pompeu (106-48 a.C.) para ser a capital da nova província romana da Cilícia, e Marco Antonio (82-30 a.C.) fizera dela cidade livre. "Tenho a cidadania romana desde o meu nascimento", alegará o Apóstolo diante dos oficiais romanos que acabavam de condená-lo ao tormento dos açoites⁹. O privilégio da cidadania romana de que Tarso gozava foi para ele um precioso presente de berço, que lhe permitiria mais tarde movimentar-se por toda a parte como se estivesse em sua própria casa. Essa circunstância abriu-lhe as portas do vasto Império romano e livrou-o de muitos perigos e menosprezos.

---

(8) At 21, 39.

(9) Cf. At 21, 39 e 22, 24-27.

A província da Cilícia, atravessada pelo rio Cidno, que corria para o mar próximo, era fértil na produção de cereais. Foi nesse solo frutífero que surgiu o homem que havia de enceleirar para Cristo a mais rica colheita, e que, como o Tauro vizinho, havia de levantar-se como um gigante até aos céus, por cima das névoas e das misérias da terra.

No tempo de Paulo, a cidade de Tarso era um conhecido entreposto comercial, em que o Oriente e o Ocidente se encontravam para as suas trocas. Aquele rapaz franzino, com os olhos abertos de admiração, via passar para o Ocidente os mercadores de Damasco e Jericó, com as suas cargas de bálsamos e especiarias, como via chegarem de Roma as legiões que vinham render as que estavam aquarteladas nas províncias orientais. Arribavam à costa navios da Grécia, e do Norte chegavam a esse fervedouro de homens as figuras sombrias e selvagens dos "bárbaros". Quantas vezes não se acenderia nesse rapaz espevitado e inteligente o desejo de conhecer aqueles caminhos que levavam para o leste e o oeste, para o norte e o sul! "Ide por todo o mundo!": esse mandato do Senhor[10] encontraria um eco absoluto no seu coração dilatado já pela terra natal. Não foi por obra do acaso que Paulo, o Apóstolo do mundo, se criou em Tarso.

Mas a cidade era também um importantíssimo centro espiritual do Império romano; em ciência e arte, chegou a sobrepujar Atenas e Alexandria. Embora o futuro Apóstolo fosse filho de uma família fortemente apegada às crenças judaicas e não tivesse frequentado as escolas dos gentios, bebeu sem dúvida com o leite materno aquela rica cultura greco-romana.

Ainda criança, participou com certeza dos jogos de rua dos seus companheiros de língua grega, língua na qual viria a pregar e escrever a Boa Nova com uma abundância e riqueza de palavras e estilo superiores

---

(10) Cf. Mc 16, 15.

aos dos demais Apóstolos, mesmo aos de João. Nas suas Cartas, revela-se em muitas passagens o conhecimento que tinha dos filósofos e poetas gregos[11], que ele chega a apresentar como precursores do Senhor para os gentios.

Também se pode ver nas suas Cartas quanto a grande cidade o impressionou na sua infância. Não fala de foices e árvores, como Tiago — que fora lavrador —, nem de ondas e ventos, como João, o pescador. Chega a fazer esta pergunta: "Acaso Deus se preocupa com os bois?"[12] O mundo da grande cidade entra na Escritura pela sua mão: "Vós fostes edificados sobre o fundamento dos Apóstolos e dos Profetas, tendo por pedra angular o próprio Jesus Cristo; é sobre Ele que se ergue todo o edifício, harmonicamente disposto, até formar um templo santo no Senhor"[13].

---

(11) At 17, 28. Tt 1, 12.

(12) 1 Cor 9, 10.

(13) Ef 2, 21-22.

O Apóstolo viu as corridas nos estádios, que alguma vez haveriam de servir-lhe para advertir os fiéis: "Não sabeis que, dos que correm no estádio, apenas um consegue o prêmio? Correi de tal maneira que o ganheis"[14]. Ouviu ressoarem as ruas à passagem cadenciada das colunas militares, que lhe proporcionariam também uma imagem para a vida cristã: "Revesti-vos da armadura de Deus [...]. Permanecei alerta, tende os vossos rins cingidos com o cíngulo da verdade, o corpo revestido com a couraça da justiça e os pés calçados para anunciar o Evangelho da paz. Sobretudo, sobraçai o escudo da fé [...] e tomai o elmo da salvação e a espada do Espírito"[15].

Tudo o que diz respeito à vida jurídica repercute com igual força no seus escritos: os julgamentos, os processos, os testamentos. Paulo, o Apóstolo das grandes cidades, anunciará a mensagem do Evangelho na

---

(14) 1 Cor 9, 24.
(15) Ef 6, 11.15-17.

linguagem de um cidadão. Tarso, cidade da sua juventude, preparou-o para Filipos e Tessalônica, para Éfeso e Roma.

Mas o dom mais precioso que recebeu de Tarso para a sua futura carreira apostólica foi a contemplação imediata da situação espiritual do mundo gentílico. Esse jovem de olhar claro e penetrante presenciou nos seus primeiros anos de vida a confusão religiosa e o desregramento moral que havia de retratar mais de uma vez nas suas Cartas[16]. Na sua alma de menino, sentiu vibrar silenciosamente em milhares de olhos o grito angustiante da humanidade pagã que ouviria mais tarde às portas da Europa: "Vem e ajuda-nos!"[17]

Por outro lado, essa convivência com os gentios preveniu-o contra os preconceitos judaicos em relação ao mundo pagão.

---

(16) Cf. Rm 1, 18-31. Gl 2, 15-21.

(17) Cf. At 16, 9.

Compreendeu que a Lei não escrita de Deus estava também no coração dos gentios[18], e recolheu as pérolas que se escondiam, fora de Israel, na *Stoa*, na *Gnose* e nos Mistérios[19]. Nauseado com o presunçoso exclusivismo religioso dos judeus, chegará a fazer-lhes esta pergunta: "Porventura Deus é unicamente dos judeus? Não é também dos pagãos? Sim, Ele também é Deus dos pagãos"[20].

---

(18) Cf. Rm 2, 14-15.

(19) Stoa designa a escola filosófica estoica, muito difundida entre os séculos III a.C. e II d.C., que pregava uma ética de resignação diante do sofrimento e de cultivo das virtudes morais. Este último elemento foi aproveitado pelo cristianismo. Gnose, corrente herética dentro do judaísmo, que buscava a salvação por meio do conhecimento esotérico de Deus, da numerologia e da cabala, trazia, no entanto, algumas doutrinas válidas, como a da espiritualidade e transcendência divinas. As religiões de mistério eram cultos que prometiam aos adeptos a salvação da alma por meio de ritos aos quais só eram admitidos os iniciados (N. do T.).

(20) Rm 3, 29.

Tarso! Se Paulo tivesse sido criado numa aldeiazinha da Judeia, é difícil que tivesse chegado a alcançar a amplidão de espírito que o distinguiu dos seus co-Apóstolos. Mas Deus, que o tinha escolhido para ser vaso de eleição entre os gentios, colocou-o desde os primeiros anos da sua vida num ambiente que dilatou o seu coração para que fosse mais tarde "judeu para os judeus", "gentio para os gentios", "tudo para todos, a fim de salvar a todos"[21].

Cheio de admiração e humildade, Paulo dirá daquela aurora da graça: "Aprouve Àquele que me reservou desde o seio da minha mãe e me chamou pela sua graça, revelar o seu Filho na minha pessoa para que eu o tornasse conhecido entre os gentios"[22]. Nessas palavras, o seu pensamento recuava nostalgicamente para a terra da sua juventude.

---

(21) Cf. 1 Cor 9, 20-22.
(22) Gl 1, 15-16.

Jerusalém

A segunda pátria de Paulo, a pátria espiritual, foi Jerusalém.

O Apóstolo orgulhava-se de pertencer ao Povo eleito. Nas lutas posteriores com os seus adversários judeus e judaizantes, invocará sempre ufana e energicamente a sua condição de judeu: "De tudo o que eles se ufanam, também eu posso ufanar-me: São hebreus? Também eu. São israelitas? Também eu"[23]; "Fui circuncidado ao oitavo dia, sou da raça de Israel, da tribo de Benjamim, hebreu e filho de hebreus. Quanto à Lei, fariseu; quanto ao zelo, perseguidor da Igreja; quanto à justiça legal, declaradamente irrepreensível"[24].

Segundo São Jerônimo, o pai de Paulo ter-se-ia mudado da Palestina para Tarso em consequência de alguma rebelião[25].

---

(23) 2 Cor 11, 22

(24) Fl 3, 5.

(25) São Jerônimo, *De viris illustribus*, 5. Comentário à Carta a Filêmon, 23 (PL 23, 646 e 26, 653).

A exemplo de inúmeros judeus da Diáspora, a sua família permaneceu fiel aos vínculos que a ligavam a Jerusalém e, em Tarso, mantinha-se separada de todo o contágio da corrupção gentílica. Anualmente, pagava os seus dois dracmas como contribuição para o Templo da sua longínqua e verdadeira pátria.

Paulo talvez tivesse feito aos doze anos a sua primeira peregrinação à Cidade Santa, como Jesus, só que num percurso muito mais longo. Aos sábados, ia à sinagoga e escutava a leitura da Sagrada Escritura, na versão grega dos Setenta[26]. Aos seis anos, começou a frequentar a escola da sinagoga, onde se instruiu na história do Povo eleito e foi aprendendo a Lei e os costumes religiosos. Jerusalém em Tarso!: assim deve ter

---

(26) Setenta ou Septuaginta: antiga tradução para o grego da Sagrada Escritura (Antigo Testamento), feita na cidade de Alexandria, no Egito, entre os séculos III e II a.C. Segundo uma tradição lendária, teria sido feita por setenta e dois rabinos em setenta dias (N. do T.).

sido aquela casa paterna, no meio de um mundo corrompido; oxalá assim fossem também todos os lares cristãos!

Não se pode saber ao certo o ano em que Paulo nasceu: deve ter sido entre os anos 2 e 5 depois do nascimento de Cristo. Como era costume, teve dois nomes: Saulo e Paulo, o primeiro hebreu e o segundo romano. A versão de que o seu nome se converteu em Paulo após a sua conversão em Damasco não tem nenhum fundamento na Sagrada Escritura. Mas é verdade que abandonou o nome hebreu quando passou a missionar no Império romano[27].

Apesar das muitas notícias pessoais que temos dele, pouco sabemos das suas relações familiares. Só numa ocasião se menciona, de passagem, uma irmã[28]; da sua mãe, o Apóstolo não diz uma única palavra em todas as suas Cartas. Ao contrário dos

---

(27) Cf. At 13, 9ss.

(28) Cf. At 23, 16.

usos judeu-farisaicos, não se casou[29], pois uma só ideia o dominou a partir da sua conversão: Jesus Cristo.

Nas suas Cartas, pode-se ler nas entrelinhas que a educação na casa paterna foi severa, uma vez que o pai pertencia ao partido rigorista dos fariseus[30]. Há na Epístola aos Romanos uma passagem em que se alude a uma profunda recordação da sua infância: "Houve um tempo em que vivi sem a Lei. Mas, mal sobreveio o preceito, o pecado reviveu e eu caí na morte. De tal sorte que o mandamento que me devia levar à vida levou-me à morte. Porque, aproveitando-se da ocasião do mandamento, o pecado seduziu-me e levou-me à morte"[31].

O Apóstolo não diz de que pecados se trata, embora não seja de acreditar que tenha caído em nenhuma falta grave, porque,

---

(29) Cf. 1 Cor 7, 7.

(30) At 23, 6.

(31) Rm 7, 9ss.

quando estava já prestes a enfrentar a morte, deu de si este testemunho: "Dou graças a Deus, a quem servi, tal como aprendi dos meus pais, com pureza de consciência"[32]. Aquela primeira colisão com a Lei, porém, ficou profundamente gravada naquele rapaz de fina sensibilidade.

Foi a sensação da primeira culpa, que costuma influir nas pessoas ao longo de toda a vida: foi o doloroso conhecimento do bem e do mal, uma vez perdido o paraíso da infância; foi a consideração da impotência humana, de que não bastava cumprir a Lei, se faltasse uma ajuda do alto. Abateram-se então sobre o jovem Paulo as mais fortes sombras de Jerusalém.

Nos últimos anos da juventude, fez a sua aprendizagem como tecelão de lonas para tendas. Esses tecelões utilizavam o pelo das cabras negras da Cilícia para fazer sólidas tendas de pastores e viajantes, capazes de

---

(32) 2 Tm 1, 3.

desafiar as mais fortes chuvas; debaixo delas viria a abrigar-se Paulo nas suas futuras viagens. Combinar os estudos acadêmicos de doutor da Lei com o trabalho manual era um velho costume entre os rabinos, a fim de contrabalançar o perigo do intelectualismo puro.

Não parece ter-se dedicado a esse ofício por distração e passatempo, mas para fazer face às suas necessidades e mesmo para pagar os seus estudos. Um exame detido das suas Cartas mostra-nos, com efeito, que o Apóstolo não pertenceu aos círculos literários de Tarso, mas à classe dos operários manuais; as numerosas alusões à justiça social que encontramos nas suas Cartas confirmam esta suposição.

A breve notícia dos Atos dos Apóstolos de que morou e trabalhou em Corinto com Áquila e sua esposa Priscila, fabricantes de tendas, prova também que continuou a exercer o seu ofício manual sendo já Apóstolo[33].

---

(33) Cf. At 18, 3.

Ao despedir-se em Mileto dos anciãos de Éfeso, mostrava-lhes as suas mãos calejadas: "Bem sabeis que estas minhas mãos proveram às minhas necessidades e às dos meus companheiros"[34]. Embora fosse Apóstolo, quis sustentar-se com o duro trabalho das suas mãos para não ser pesado a ninguém e para oferecer um expressivo exemplo aos que, sob o pretexto da piedade, abandonam o trabalho: "Não temos comido de graça o pão de ninguém, mas com trabalho e fadiga labutamos noite e dia para não sermos pesados a nenhum de vós [...]. No entanto, soubemos que há entre vós alguns desordeiros, vadios, que só se ocupam de intrometer-se em assuntos alheios. A esses ordenamos e exortamos a que se dediquem serenamente ao trabalho para merecerem ganhar o que comer"[35].

De qualquer modo, os olhos do jovem Paulo resplandeceram de júbilo quando,

---

(34) At 20, 34.
(35) 2 Ts 3, 8-12.

por volta dos quinze anos, abandonou as peles de cabra e o tear e pôde mudar-se para Jerusalém a fim de ingressar na escola rabínica.

Jerusalém, o sonho da sua alma! O magnífico Templo construído havia pouco por Herodes o Grande, as ciências sagradas, os doutores famosos, a turba de estudantes, as peregrinações vindas de todo o mundo devem ter levado a um verdadeiro êxtase aquele jovem de Tarso tão propenso ao entusiasmo.

Com a ânsia dos bem dotados, lançou-se à corrente espiritual que, como um rio de águas vivas, passava pela Cidade Santa. Estudou a Sagrada Escritura no original hebraico; considerou os amplos arcos da ponte da tradição; aprendeu de cor os preceitos cujo fardo ele próprio teria de colocar algum dia sobre os ombros dos homens. Muito cedo o jovem estudante destacou-se dos seus colegas, e o velho Gamaliel, seu mestre[36],

---

(36) Cf. At 22, 3.

contemplava-o admirado e pensativo, talvez como na ocasião em que se tinha encontrado com outro jovem extraordinário, Jesus.

Mas como era diferente esse ardente Paulo daquele rapaz sereno vindo de Nazaré aos doze anos! No jovem Paulo, adivinhava-se já um certo perigo: o fanatismo, o orgulho, a presunção. Era o perigo de Jerusalém, perante o qual ainda hoje tantos sucumbem! O próprio Paulo reconheceria mais tarde com amargura: "Avantajava-me no judaísmo a todos os meus companheiros de idade e nação, extremamente zeloso em defender as tradições de meus pais", e por isso "com que excesso perseguia a Igreja de Deus e a assolava!"[37]

Jerusalém deixou nele um rasto mais profundo que Tarso. Assim o percebemos inegavelmente nas suas Cartas, onde encontramos um ideário claramente judaico, sobretudo nas passagens em que

---

(37) Gl 1, 14.13.

combate os seus adversários judeus no mesmo terreno e com as mesmas armas. A própria forma e o modo como propõe e desenvolve o seu raciocínio nos revelam o aluno das escolas rabínicas; leia-se, por exemplo, o capítulo quarto da Epístola aos Gálatas. Daí que se tenha levantado a hipótese de Paulo ter falseado o cristianismo, "judaizando-o"; não falta, com efeito, quem o considere como o fundador, ou ao menos o "segundo fundador", do cristianismo.

É uma suposição que ninguém desmentiu com tanta veemência como o próprio Apóstolo. Na primeira Epístola aos Coríntios, afirma: "Eu recebi do Senhor o que vos transmiti"[38], e aos Gálatas diz com força: "Não há dois evangelhos: há apenas pessoas que semeiam a confusão entre vós e querem perturbar o Evangelho de Cristo. Mas, ainda que alguém — nós ou um anjo baixado do céu — vos anunciasse

---

(38) 1 Cor 11, 23.

um evangelho diferente do que vos temos anunciado, que seja anátema"[39].

Eis como conta a sua visita aos primeiros Apóstolos em Jerusalém: "Expus-lhes, particularmente aos principais, o Evangelho que prego entre os pagãos, porque não queria correr ou ter corrido em vão"[40]. Em certa ocasião, distingue claramente os ensinamentos do Senhor da sua interpretação pessoal: "Aos casados, mando-lhes, não eu, mas o Senhor [...]. Aos outros, digo eu, e não o Senhor [...]. Quanto às pessoas virgens, não tenho mandamento do Senhor, mas dou-lhes o meu conselho, como homem que recebeu da misericórdia do Senhor a graça de ser digno de confiança..."[41] É portanto um presunçoso atrevimento querer apresentar Cristo e Paulo em oposição. O que Paulo é, é-o em Cristo. O que Paulo anuncia não é senão Cristo: "Considerei não dever

---

(39) Gl 1, 7-8.

(40) Gl 2, 2.

(41) 1 Cor 7, 10.12.25.

saber coisa alguma entre vós a não ser Jesus Cristo, e este crucificado"[42].

É certo que Paulo surge depois dos outros Apóstolos e vem de um mundo espiritual totalmente diferente do deles, que chegam ao Evangelho vindos do mar e do campo. Por isso não repete simplesmente a vida histórica de Jesus narrada pelos sinóticos, mas compraz-se em pregar as grandes realidades salvíficas nela contidas: a Encarnação do Senhor, a sua Crucifixão, a sua Ressurreição e a sua Glorificação. Com isso não falseia, antes robustece e interpreta genialmente o Evangelho. Com o seu espírito cultivado, soube trazer à luz, a uma luz muito clara, as imensas joias que teriam passado desapercebidas ao engenho mais rude dos demais Apóstolos. O próprio Jesus disse certa vez aos discípulos: "Ainda teria muitas coisas a dizer-vos, mas por ora não as podeis compreender"[43].

---

(42) 1 Cor 2, 2.

(43) Jo 16, 12.

Jerusalém! Sem pretendê-lo, a cidade foi formando a inteligência do Apóstolo de Jesus Cristo. Isso significou que Jesus começou por ser combatido por Paulo para, no fim — divina ironia! —, submeter Paulo ao seu serviço. Porque esse Paulo foi quem, com a amorosa paixão do seu coração e o poder da sua férrea vontade, evitou a judaização da Igreja, quando declarou que a Lei e a circuncisão não eram essenciais para a salvação em Cristo, destruindo assim em Jerusalém, com a sua espada afiada, a fatal união entre a religião e a raça.

Esse Paulo, formado em Jerusalém, foi a pessoa escolhida pela Providência para libertar a fundação de Jesus do perigoso ambiente dessa mesma Jerusalém e pregar a liberdade dos filhos de Deus. Se Tarso preparou Paulo para a luta contra o paganismo, Jerusalém adestrou-o para a luta titânica contra o judaísmo. E nessa luta o Apóstolo falará da Jerusalém atual, "que é escrava com os seus filhos", em contraste com a nova e livre

"Jerusalém lá do alto, que é a nossa mãe"[44]: a Igreja.

Damasco

Os muros de Damasco cintilavam à luz ofuscante do meio-dia quando um grupo de homens a cavalo se apressava na sua direção: eram Saulo e o seu cortejo. O plano era erguer na cidade uma grande bandeira vermelha, um estandarte sangrento contra todos os que tinham abandonado a fé de seus pais e aceitado a nova e odiada doutrina do Nazareno. Fossem homens ou mulheres, de alta posição ou humildes, deviam ser presos por Saulo para receberem o merecido castigo[45]. O chefe do bando devorava com olhos fanáticos a cidade já próxima: ali começaria a terrível obra de erradicar do mundo o cristianismo.

---

(44) Gl 4, 26.
(45) Cf. At 9, 1-2.

E, com efeito, esse homem de Tarso, esse aluno distinto de Jerusalém, encontrou a sua meta em Damasco, mas de que maneira tão diferente de como tinha pensado! Porque ali onde projetava dar início à sua luta contra Cristo, o Altíssimo submeteu-o a uma capitulação incondicional: num instante, Saulo desfez-se de todas as suas armas e só soube perguntar: "Senhor, que queres que eu faça?"[46] Que graça foi essa, que converteu pelo caminho mais curto um fervoroso perseguidor de Cristo no mais fervoroso seguidor e Apóstolo de Cristo?

Não é improvável que Saulo tivesse chegado a conhecer Jesus pessoalmente, já que eram contemporâneos; podem-se interpretar neste sentido as suas palavras na segunda Epístola aos Coríntios: "Se antes conhecemos Cristo segundo a carne, agora já não o conhecemos assim"[47]. Na sua opinião, o

---

(46) At 9, 6.

(47) 2 Cor 5, 16.

Sinédrio tinha tomado medidas demasiado suaves e ineficazes contra o rumor popular de que o Nazareno tinha ressuscitado; não era de admirar que, perante uma oposição tão débil, a sua fama fosse crescendo e, em consequência, aumentasse "consideravelmente o número dos discípulos em Jerusalém", entre os quais "um grande número de sacerdotes"[48]. Era preciso agir enérgica e firmemente.

Os jovens e alvoroçados camaradas de estudos de Saulo em Jerusalém pediram-lhe que se pusesse à frente deles na investida contra a peste nazarena. Ele compreendia melhor que ninguém o perigo mortal que esse Nazareno supunha para o judaísmo. Esse "Messias" pendurado numa cruz, que pretendia ter derramado o seu sangue pelos pecados do mundo[49], não era apenas um escândalo insuportável, mas sobretudo a desintegração das mais íntimas concepções

---

(48) At 6, 7.
(49) Mt 26, 28.

judaico-farisaicas, segundo as quais o homem só podia justificar-se diante de Deus por meio da Lei. E Saulo não hesitou em comandar o grupo, decidido a extinguir o perigoso incêndio. Foi grande a satisfação dos conselheiros do Sinédrio quando viram aquele cão de caça dispor-se a levar a cabo o que eles não tinham conseguido por fraqueza e pela idade avançada.

O ódio de Saulo contra Jesus jorra como uma torrente desbordada em três quedas selvagens e cada vez mais violentas.

A primeira vez em que o futuro Apóstolo aparece na Sagrada Escritura é junto dos que apedrejavam Santo Estevão. Quando o jovem herói, o primeiro mártir de Cristo, agonizava sob a chuva de pedras e suplicava: "Senhor, não lhes leves em conta este pecado", ali estava Saulo, de punhos fechados, lábios franzidos e olhar sombrio[50]. Não atirou nenhuma pedra,

---

(50) Cf. At 7, 58-8, 1.

porque isso não teria sido digno de um rabino, mas viria a confessar mais tarde que "consentiu" no martírio de Estevão[51]. E como manifestação visível de que concordava com todos, guardou os mantos dos que o matavam.

No segundo estágio da sua culpa, pôs-se à cabeça da perseguição como uma fera que fareja o sangue. "Naquele dia, começou uma grande perseguição contra a comunidade de Jerusalém. Todos se dispersaram pelas regiões da Judeia e de Samaria, com exceção dos Apóstolos [...]. Saulo devastava a Igreja e, entrando pelas casas, arrancava violentamente homens e mulheres e mandava-os para a prisão"[52]. Para o bom Lucas, seria certamente muito duro ter de relatar esses feitos do seu venerado mestre, mas talvez tenha sido o próprio Paulo quem lhe ordenou que o fizesse, pois confessa cheio de dor e

---

(51) At 22, 20.

(52) At 8, 1-3.

vergonha: "Eu persegui essa doutrina até à morte, prendendo e encarcerando homens e mulheres"⁵³.

Os Apóstolos, de momento, não tinham sido incomodados. Só lhes restava como recurso a oração, como haveria de acontecer tantas vezes no decurso da história. Deviam repetir com insistência a piedosa invocação dos dias em que o Sinédrio suscitara a primeira perseguição: "Senhor [...], Tu disseste pela boca do nosso pai Davi, teu servo: 'Por que se agitam as nações e os povos tramam coisas vãs? Levantam-se os reis da terra, e os príncipes reúnem-se em conselho contra o Senhor e contra o seu Cristo'. Verdadeiramente, uniram-se nesta cidade Herodes e Pôncio Pilatos com os pagãos e com o povo de Israel contra o teu santo servo Jesus, que ungiste [...]. Olha, Senhor, para as suas ameaças e concede aos teus servos que com todo o desassombro anunciem a

---

(53) At 22, 4.

tua palavra; estende a tua mão para que se realizem milagres e prodígios pelo nome de Jesus, teu santo servo"[54].

Mas o milagre não chegava. O ódio de Saulo crescia a cada nova vítima que fazia sentenciar à morte: "Saulo respirava ameaças e morte contra os discípulos do Senhor"[55]. E não lhe bastando ter arrancado da Judeia os odiados nazarenos, obteve do sumo-sacerdote cartas contra aqueles que em Damasco aderiam à nova doutrina: foi o terceiro estágio da sua culpa.

Damasco dista trezentos e quarenta quilômetros de Jerusalém, e naquela época era governada pelo rei nabateu Aretas IV. Quanto aos assuntos religiosos, porém, o Sinédrio de Jerusalém tinha poder sobre todos os judeus, onde quer que se encontrassem. E assim Saulo foi autorizado pelo Grande Conselho a descobrir e denunciar o punhado de cristãos que se tinham

---

(54) Cf. At 4, 23-31.

(55) At 9, 1-2.

refugiado naquela cidade: o raio da sua cólera cairia sobre eles para dizimá-los.

Será que não sabia que o Deus a quem perseguia vinha atrás dele, perseguindo-o por sua vez? Quando for derrubado pela graça, ouvirá como um sagrado sarcasmo a voz do Senhor: "Duro é para ti dar coices contra o aguilhão"[56]. Por estas palavras, vemos claramente que, com a sua fúria, o futuro Apóstolo fizera frente muitas vezes à pressão da graça no seu íntimo.

Quando "procurava os cristãos em todas as sinagogas para obrigá-los a blasfemar contra o nome de Jesus", julgava que, em nome dos seus princípios religiosos, "devia fazer a maior oposição ao nome de Jesus de Nazaré"[57], embora mais tarde viesse a reconhecer que "o fazia por ignorância"[58]. Paulo é uma trágica prova daquelas palavras do Senhor: "Chegará a hora em

---

(56) At 26, 14.//
(57) Cf. At 26, 9.//
(58) 1 Tm 1, 13.

que todo aquele que vos tirar a vida julgará prestar um serviço a Deus"[59].

Mas não se pode perseguir a Deus por muito tempo para servi-lo. Paulo sentia-se inseguro e inquieto. Tinha visto morrer Estêvão e o seu olhar cruzara-se com o do mártir; há olhares que jamais se podem arrancar da alma. Ele próprio devia sentir dentro de si um vazio que todas as obras da Lei não podiam preencher, e a perseguição que desencadeara devia ser há muito tempo uma solapada fuga à voz da sua consciência e aos estímulos da graça, esse "aguilhão" contra o qual desferia coices tão violentos. Com raiva, cravou novamente as esporas no seu cavalo para afugentar a confusão dos seus pensamentos, quando...

Um relâmpago, uma queda, um grito. Tudo aconteceu num instante. Paulo jazia por terra, como que derrubado por armas invisíveis. Os seus companheiros

---

(59) Jo 16, 2.

olhavam-no em silêncio; tinham visto a luz, mas não entenderam a voz de quem falava[60].

Jesus e Paulo, o perseguido e o perseguidor, encontravam-se ali frente a frente. Mas quem era o perseguido e quem o perseguidor? As palavras que trocaram entre eles foram muito poucas, mas podiam ser mais substanciais? "Saulo, Saulo, por que me persegues?" — "Quem és tu, Senhor?" — "Eu sou Jesus, a quem tu persegues" — "Senhor, que queres que eu faça?" — "Levanta-te, entra na cidade e ali te será dito o que tens de fazer"[61]. Tudo se passou num instante. Mas aquela "forte luz do céu" perduraria durante toda a vida de Paulo.

O conhecimento que teve de Cristo às portas de Damasco é um mistério: um mistério, um milagre da graça, que escapa à experiência psicológica. Os incrédulos haverão de explicá-lo como uma alucinação ou um êxtase religioso, mas o relato

---

(60) At 22, 7.

(61) Cf. At 9, 4-6.

autêntico mostra que a manifestação de Jesus foi muito mais que um fenômeno íntimo que teria tido lugar no pensamento ou na alma do Apóstolo. Os Atos dos Apóstolos narram essa prodigiosa entrada de Jesus na sua vida em três ocasiões, com pequenas variantes que se completam sem se contradizerem[62], mas nas Cartas paulinas vemos a experiência de Damasco refulgir com muito maior frequência.

O Apóstolo insiste continuamente em que realmente viu o Ressuscitado e que não só ele, mas também os seus acompanhantes viram a luz e ouviram a voz divina, embora não tivessem podido compreender o seu sentido. Numa Carta, compara a sua experiência de Damasco à experiência pascal dos Doze[63], e em outra equipara esse momento ao fulgor da luz primeira na aurora da Criação[64].

---

(62) At 9, 1-19. 22, 6-16. 26, 12-18.

(63) 1 Cor 15, 4ss.

(64) Cf. 2 Cor 4, 6.

E, na realidade, foi uma assombrosa criação! Repentinamente, surgiu na alma do perseguidor raivoso e incrédulo a fé em Jesus Cristo, uma fé grande e pura, uma fé tão forte que viria a desafiar as mais furiosas tormentas, tão frutuosa que poria aos pés de Cristo um mundo inteiro. Só uma realidade infinita podia produzir tais efeitos.

O dramático quadro de Caravaggio, *A conversão de São Paulo*, mostra o orgulhoso cavaleiro derrubado do seu corcel, desamparado como uma criança caída no chão, de braços estendidos, procurando quem o ajude, com os olhos cegos voltados para o alto, de onde cai sobre ele a nova luz. Ali está representado todo o profundo sentido de Damasco. Aquele momento bastou para arriar o presunçoso fariseu do seu altaneiro "eu" e deixá-lo afundado na sua ilimitada inutilidade. Aquele que tanto se vangloriava da sua linhagem, dos seus talentos e das suas obras, apalpa agora, profundamente, toda a sua impotência. Caído por terra, levantará os olhos para a divina Onipotência e a experimentará pela primeira vez. Já não será por si mesmo, mas pelo dom imerecido da graça que fará o que fez.

Esse conhecimento essencial impregnará até ao mais íntimo toda a sua vida. Por ele, Paulo converter-se-á em doutor da graça e testemunhará pela sua própria e profundíssima experiência a inutilidade de toda a obra humana para a salvação. Não no sentido de que não se exija a colaboração do homem, já que naquele momento de Damasco ele próprio perguntou ao Senhor: "Senhor, que queres que eu faça?" Mas as obras do homem só servem para a salvação na medida em que estão enxertadas em Cristo. Por isso Cristo será o núcleo central da pregação de Paulo: só os seus braços estendidos sobre a Cruz podem unir e abraçar Deus e os homens. "Sabemos que ninguém se justifica pela prática da Lei, mas somente pela fé em Jesus Cristo"; "Ele é quem nos perdoou todos os pecados, cancelando o documento escrito contra nós, cujas prescrições nos condenavam. Aboliu-o definitivamente, cravando-o na cruz"[65].

Paulo, vaso de eleição! Tarso e Jerusalém foram a sua preparação, mas Damasco foi o esvaziamento total de si mesmo, e, quando um homem se esvazia, Deus pode enchê-lo como um vaso de boa vontade, e enche-o superabundantemente, até fazê-lo transbordar em bênçãos para muitos. Durante toda a sua vida, Paulo sentir-se-á perplexo ante o mistério de que a graça o tivesse chamado a ele, o perseguidor, para a fé e o apostolado.

E esse mistério foi-lhe claramente revelado. A misericórdia divina só se pode manifestar diante do pecado. E quanto mais grave for o pecado, mais imensamente pode resplandecer a misericórdia de Deus: "Onde abundou o pecado, superabundou a graça"[66]. Assim os próprios pecados,

---

(65) Gl 2, 16. Cl 2, 14.
(66) Rm 5, 20.

precisamente os pecados, podem converter-se num cântico à bondade de Deus. *O felix culpa*, "ó feliz culpa, que mereceu tão excelso Redentor", canta a Igreja no hino pascal da noite do Sábado Santo[67].

"Então, que diremos? Permaneceremos no pecado para que superabunde a graça? De maneira nenhuma [...]. Considerai-vos mortos para o pecado, mas vivos para Deus em Cristo Jesus"[68]. No entanto, eu louvarei "Cristo Jesus, que veio ao mundo para livrar os pecadores, dos quais eu sou o primeiro. Se encontrei misericórdia, foi para que Jesus Cristo manifestasse primeiro em mim toda a sua magnanimidade e eu servisse de exemplo a todos os que hão de alcançar a vida eterna pela fé nEle. Ao Rei dos séculos, Deus único, invisível e imortal, honra e glória pelos séculos dos séculos. Amém!"[69]

---

(67) Hino Exsultet, do Ofício da Vigília Pascal.

(68) Cf. Rm 6, 1-14.

(69) 1 Tm 1, 16.

"LEVARÁ O MEU NOME AOS GENTIOS"

Talvez não tenha havido nunca um homem incumbido de anunciar a outro um programa tão extraordinário de vida como aquele que o piedoso discípulo de Jesus, Ananias, teve de anunciar ao jovem Saulo.

Sumido na cegueira depois do "relâmpago", Saulo permaneceu durante os três dias seguintes numa casa da rua Direita de Damasco, meditando e orando, sem comer, sem beber e sem ver nem falar com ninguém. Era tão incrível o que tinha experimentado!...

Cheio de medo, como se esse lobinho da estirpe de Benjamim ainda o pudesse atacar, Ananias — "homem piedoso e observador da lei, muito bem conceituado entre todos os judeus" de Damasco[1] —

---

(1) Cf. At 22, 12.

aproximou-se do cego e pensativo Saulo e saudou o perseguidor, que talvez o tivesse no rol das suas vítimas: "Saulo, meu irmão!"

Com um tato maravilhoso, cheio de humanidade, sem aspereza nem amargura, foi explicando ao futuro Apóstolo: "O Senhor Jesus, que te apareceu no caminho, envia-me para que recuperes a vista e fiques cheio do Espírito Santo". Nesse mesmo instante, "caíram dos olhos de Saulo umas como escamas e ele recuperou a vista. Levantou-se e recebeu o batismo". A seguir, Ananias comunicou-lhe o plano que o Senhor tinha para ele: "Haverás de levar o nome do Senhor aos gentios, aos reis e aos filhos de Israel". E depois acrescentou, baixando a voz, como num suspiro: "E o Senhor te mostrará quanto terás de sofrer pelo seu nome"[2].

Saulo ouviu a mensagem, que casava admiravelmente com os seus desejos: tinha de atirar-se ao mundo inteiro com o nome

---

(2) At 9, 17-19. 22, 12-16.

do Senhor nos lábios. E "imediatamente pôs-se a proclamar pelas sinagogas que Jesus é o Filho de Deus"[3].

Os judeus de Damasco não queriam dar crédito ao que ouviam. E, pasmados, diziam: "Este não é aquele que perseguia em Jerusalém os que invocam o nome de Jesus? Não veio cá para levá-los presos aos sumos sacerdotes?"[4] E nós mesmos nos espantamos de que Paulo tivesse podido converter-se tão de repente em Apóstolo de Jesus Cristo. O Senhor tinha doutrinado e instruído os Doze durante três anos, e agora que acontecia com ele?

Após essa explosão de fé entusiasmada, ele também teria de submeter-se a um longo e paciente noviciado para chegar a ser Apóstolo. Por outro lado, a notícia da sua reviravolta tinha excitado os ânimos dos habitantes, de sorte que teria sido difícil e até perigoso prosseguir na sua atividade.

---

(3) At 9, 20.
(4) At 9, 21.

Com efeito, "passados uns dias, os judeus reuniram-se em conselho e resolveram matá-lo"[5]. À vista disso, Paulo partiu dali diretamente para a Arábia[6].

A Arábia

O nome desse país evoca uma paisagem calorenta, severa e solitária, a leste de Damasco, ao longo das terras do Jordão até o golfo arábico. As suas altas cordilheiras de pedra calcária e arenítica estendem-se, como que alicerçadas na eternidade, para oeste, para leste e para sul. Nessa região contígua a Damasco, pôde Paulo encontrar o lugar mais adequado para embeber a sua alma na graça recebida e preparar-se em silêncio e oração para a missão de levar o nome de Deus por todo o mundo.

Enquanto o céu azul reverberava de calor e quietude, enquanto o vento suave do entardecer sussurrava entre as palmas

---

(5) At 9, 23.

(6) Gl 1, 17.

solitárias, enquanto as estrelas douradas seguiam o seu curso sobre o veludo da noite, Paulo encontrava-se prostrado diante do Senhor: "Aqui me tens, Senhor, envia-me!" E o Senhor, que fala aos homens no murmúrio da brisa e no torvelinho do furacão, disse a Paulo palavras cheias de mistério e deu continuidade às horas da sua instrução em Damasco.

Talvez tenha sido nesse deserto da Arábia que o Apóstolo teve as altíssimas experiências místicas que descreve na segunda Epístola aos Coríntios: "Conheço um homem em Cristo que foi arrebatado ao terceiro céu faz catorze anos, não sei se no corpo ou fora do corpo, Deus o sabe. Desse homem, sei que foi levado ao Paraíso, não sei se no corpo ou fora do corpo, Deus o sabe, e ouviu palavras inefáveis que um homem não pode compreender"[7].

Permaneceu ali três longos anos, à semelhança dos Doze, que também tinham

---

(7) 2 Cor 12, 2-4.

passado três anos instruindo-se na escola do Senhor. A seguir, considerou chegado o tempo de iniciar a sua missão. Voltou a Damasco, a terra em que nascera para Cristo. O escândalo que tinha provocado acalmara-se. Agora podiam aceitar melhor o seu testemunho, e ele pôs-se a pregar Cristo com mais liberdade de espírito do que da primeira vez. Mas esse recomeço não lhe trouxe bons resultados.

À vista do surpreendente apostolado daquele apóstata, o furor dos judeus reacendeu-se, a tal ponto que lhe teriam dado a morte se não tivesse escapado a tempo de uma forma quase cômica. É o próprio Paulo que o conta, com uma ponta de humor: "Em Damasco, o governador do rei Aretas mandou vigiar a cidade dos damascenos para prender-me. Mas, por uma janela aberta na muralha, desceram-me dentro de um cesto e assim escapei deles"[8]. Um precioso e ingênuo mosaico do

---

(8) 2 Cor 11, 32. Cf. At 9, 23-25.

século XII mostra-nos o Apóstolo, agachado no cesto, ser descido ao longo da muralha por dois fiéis amigos, enquanto um soldado em posição de alerta olha como que de propósito para outro lado, como se achasse indigno apoderar-se de tão miserável butim. E realmente não pôde ser mais lamentável nem mais infeliz o começo da evangelização do mundo. Mas como são salutares os fracassos humanos para um apóstolo!

Paulo já se encontra de novo livre. De Damasco, parte para Jerusalém, desandando entre lágrimas e ações de graças o caminho que três anos antes percorrera a cavalo, cheio de fúria. Em Jerusalém receberia as suas credenciais. Ali se encontraria com os Apóstolos, que se alegrariam de ver o seu perseguidor convertido em tão fervoroso partidário de Jesus.

Quando se apresentou perante a assembleia dos irmãos, porém, estes dispersaram-se como um rebanho de ovelhas em que entra o lobo: "Todos o temiam, não querendo crer que fosse um discípulo. Então

Barnabé tomou-o consigo e levou-o à presença dos Apóstolos, a quem contou como Saulo tinha visto o Senhor no caminho e este lhe havia falado, e como em Damasco pregara com desassombro o nome de Jesus"[9].

Dos Apóstolos, só Pedro e Tiago estavam na cidade[10]. Escutaram em silêncio as palavras de Barnabé e consideraram, agradecidos, como a graça do Senhor Jesus Cristo é poderosa e admirável. Pedro dirigiu ao novo irmão umas palavras cheias de bondade e Tiago contemplou-o afavelmente. "Daí por diante, permaneceu com eles, indo e vindo por Jerusalém e pregando destemidamente o nome do Senhor. Também falava e discutia com os judeus de língua grega"[11].

Discutia! Esse irmão Paulo podia ser-lhes tão perigoso como quando era perseguidor.

---

(9) At 9, 26ss.

(10) Gl 1, 18.

(11) At 9, 28-29.

Pelo seu arrebatamento, suscitou novas dificuldades à jovem Igreja, que passava por uma situação delicada. E essas dificuldades foram de tal monta que catorze dias depois tiveram de tirá-lo da cidade. Num êxtase que tivera no Templo, o Senhor tinha-lhe dado esta ordem: "Apressa-te e sai logo de Jerusalém, porque não receberão o teu testemunho sobre mim". Paulo replicara, mas o Senhor insistira: "Vai! Eu te enviarei para longe daqui, aos gentios"[12]. A partir desse momento, essa seria a sua meta; mas como seriam amargos e dolorosos os caminhos que teria de percorrer!

Os irmãos acompanharam-no até Cesareia marítima e dali o fizeram partir para Tarso[13]. E assim, por volta do ano 40, quatro ou cinco anos após a sua conversão, Paulo regressava à cidade natal, pensativo e desiludido. Ninguém o convidara a permanecer em Jerusalém; ninguém lhe

---

(12) At 22, 18-21.
(13) At 9, 30.

oferecera um cargo; ninguém lhe pedira que voltasse.

Passou três anos em Tarso. Voltou a tecer tendas para os nômades da Cilícia. Recitava salmos e aprofundava no estudo das Escrituras. Aos sábados, desafogava o coração na sinagoga, pregando Cristo. Mas o seu grande espírito sufocava na estreiteza dessa vida. Daquela cidade partiam caminhos para todo o mundo e por eles vinham soldados e mercadores. Não tinha Paulo uma missão que realizar, mais extraordinária que a deles? Por que o Senhor tardava tanto em cumprir a sua promessa? Por que o deixava murchar inutilmente? Tarso continuava a ser para ele a solidão e o deserto da Arábia.

Para compreender todo o rigor da longa espera em que a Providência o manteve — passaram-se dez anos entre a conversão e a primeira viagem missionária —, é preciso ter em conta o seu temperamento e caráter. No conhecido quadro em que Dürer representa os quatro temperamentos encarnados em quatro Apóstolos, Paulo é pintado como o tipo do colérico, com mais acerto do que no caso de João, que é retratado, sem nenhum fundamento, como melancólico.

Paulo é o homem da vontade e da ação. A sua vontade férrea corria parelhas com a agudeza do espírito, e preservou-o de cair num frio intelectualismo e numa infrutuosa sofisticação. Com uma energia indomável, irá perseguindo ao longo da sua nova vida a meta que se tinha proposto: "Só procuro isto: prescindindo do meu passado e atirando-me ao que me resta pela frente, persigo o alvo, rumo ao prêmio celeste a que Deus nos chama em Jesus Cristo"[14].

Nenhuma dificuldade poderá abatê-lo, nenhuma oposição detê-lo, nenhuma perseguição desalentá-lo; pelo contrário, a sua força crescerá obstinadamente como os carvalhos no meio das tormentas. Jamais abandonará as armas, jamais capitulará. Com razão foi-lhe dada uma espada

---

(14) Fl 3, 14.

como símbolo; ela é a imagem do seu caráter, tanto como do seu martírio. Paulo avança para a sua meta por entre amigos e inimigos, lutando contra toda a espécie de resistências. Aliás, não podemos deixar de pensar quanto a Igreja teria perdido se a acerada espada da sua vontade não tivesse encontrado inimigos no seu caminho.

Este homem de tão enérgica vontade teve de ficar dez anos à espera na sua "Arábia". A palavra de Deus espalhava-se sem o seu concurso. "Pedro percorreu toda a Judeia", João confirmava na fé a Samaria[15], e sabe Deus por onde andariam os outros Apóstolos, já que em Jerusalém só tinham ficado dois. Mas a disciplina imposta pela espera foi dolorosa e salutar: Deus não precisa nem sequer de um Paulo. Tudo o que fazemos é obra da graça, e, se alguém colhe mais frutos, é porque foi mais favorecido do que os outros pela graça. "Pela graça de Deus, sou o que sou, e a graça

---

(15) Cf. At 8, 14 e 9, 31ss.

que ele me deu não tem sido infrutífera em mim, antes tenho trabalhado mais do que todos eles; não eu, mas a graça de Deus que está comigo"[16], reconhecerá Paulo mais tarde.

"Arábia!" Lugar de purificação para todos os que houverem de entrar no paraíso do trabalho, do trabalho pelo Senhor.

Antioquia

Entretanto, tinham-se produzido grandes acontecimentos no seio da jovem Igreja. Pedro administrara o batismo ao primeiro pagão, Cornélio, e a toda a sua casa. Estupefatos, os judeu-cristãos tinham exclamado, ao acabarem de ouvir a explicação do Apóstolo: "Portanto, também aos pagãos Deus concedeu o arrependimento que conduz à vida!"[17]

---

(16) 1 Cor 15, 10.
(17) At 11, 18. Cf. 10, 24-11, 18.

Outro acontecimento igualmente importante: em Antioquia, tinha-se formado a primeira comunidade de cristãos provindos do paganismo. Barnabé fora enviado da igreja-mãe de Jerusalém para lá como homem de confiança dos Apóstolos: "Ao chegar, alegrou-se, vendo a graça de Deus, e a todos exortava a perseverar no Senhor com firmeza de coração"[18].

Os pagãos na Igreja! Foi nessa altura que soou a hora daquele que, segundo os planos da Providência, havia de ser o Apóstolo dos gentios. Barnabé, felizmente incapaz de recolher sozinho a surpreendente colheita, lembrou-se — quase como o copeiro-mor do Faraó, que se lembrou de José na prisão — do seu amigo Paulo de Tarso, confinado contra os seus próprios desejos no estreito espaço da sua cidade natal. "Foi a Tarso à procura de Saulo. Achou-o e levou-o para Antioquia"[19]. Era por volta do ano 43.

---

(18) At 11, 23.

(19) At 11, 25.

Antioquia da Síria, hoje Antakiyé, situada nas margens do Orontes navegável, dista apenas seis horas do mar, e era no tempo de Paulo uma cidade próspera pelo seu comércio, cultura e riquezas, e famosa pela sua corrupção. Era a capital da província romana da Síria, à qual pertencia também a Palestina, e, pela sua grandeza, ocupava o terceiro posto, depois de Roma e Alexandria, na lista das grandes cidades do Império romano.

Ali Paulo levantou voo, como as águias, para a amplidão e liberdade dos ares. Segundo o relato de Eusébio de Cesareia, autor da primeira grande *História da Igreja*, Pedro tinha semeado já entre os anos 35 e 36 a primeira semente do cristianismo naquele solo, embora somente entre os judeus[20]. Agora também o mundo pagão começava

---

(20) Eusébio de Cesareia, *Historia ecclesiastica* 3, 36 (PG 20, 287). [Eusébio faleceu em 339. Foi discípulo de Orígenes e mentor da escola de teologia de Cesareia, na Palestina, e mais tarde bispo dessa cidade. A sua ortodoxia não é plena, mas a História da Igreja é geralmente considerada digna de confiança (N. do T.)].

a dar frutos para Cristo. Precisamente aí, nesse terreno afogado em sensualidade, idolatria e vícios, havia de surgir a primeira flor pura e bela da fé cristã. Foi aí que se cunhou esse nome que hoje declinamos com mais orgulho que o do nosso pai e o da nossa pátria: "Em Antioquia deu-se pela primeira vez aos discípulos o nome de cristãos"[21]. "Cristãos", não "nazarenos", como os judeus chamavam depreciativamente aos discípulos de Jesus. Cristãos porque participavam de Cristo e, tal como o seu Senhor, traziam a marca de ungidos e enviados de Deus.

Foi uma magnífica primavera. Pastores e fiéis moviam-se no céu sem nuvens do primeiro amor ao Senhor. Os milagres floresciam na comunidade como as rosas em maio; pela primeira Epístola aos Coríntios, podemos ter uma ideia de como foram ricos os dons do Espírito Santo naquela jovem cristandade[22]. Paulo também

---

(21) At 1, 26

(22) 1 Cor 12 a 14.

se mostrava cheio de júbilo e gratidão por ver-se nos campos já maduros do Senhor, depois de uma espera tão prolongada e dura. Ainda hoje a sua felicidade transborda gozosa e solene de muitas passagens das suas Cartas: "A mim, o mais insignificante dentre todos os santos, coube-me a graça de anunciar entre os pagãos a inexplorável riqueza de Cristo, e a todos manifestar o desígnio salvador de Deus, mistério oculto desde a eternidade em Deus, que tudo criou"[23].

Quase todo os quadros e imagens que se fizeram do Apóstolo mostram-no sério, seco, até mesmo sombrio. Mas como é que esse Paulo férreo podia ter chegado ao coração dos fiéis de Antioquia e das demais cidades que missionou? Precisamente a sua tarefa pastoral descobre aqui uma nova página da sua riqueza interior. Paulo não é somente o altíssimo teólogo, nem o zelosíssimo Apóstolo, nem o lutador

---

(23) Ef 3, 8-9. Cf. Rm 15, 16.

infatigável: é também o pai e, quase diríamos, a mãe das suas cristandades, como certa vez o manifestou aos seus queridos gálatas: "Filhinhos meus, por quem sinto de novo dores de parto, até que Cristo se forme em vós! Quem me dera estar agora convosco, para descobrir o tom de voz conveniente às vossas necessidades! Porque estou muito perplexo sobre o modo como vos devo falar"[24]. Esse homem ferido pelo raio, esse teólogo profundo e audaz que resolveria os problemas mais difíceis, o homem de férrea atividade que se encaminhava para a sua meta com santa independência, tinha também coração, e um coração tão sensível que muitas vezes fala das lágrimas que lhe faz derramar o desvelo amoroso pelo seu rebanho.

Basta ver como as suas Cartas se fazem acompanhar com frequência de uma longa série de saudações. Leia-se, por exemplo, o último capítulo da Epístola aos

---

(24) Gl 4, 19.

Romanos — considerado por muitos como uma missiva acrescentada ao texto —, e o leitor dessa profundíssima Carta teológica sentir-se-á como que envolvido numa calorosa onda de afeto. Para Paulo, não é suficiente dar aos seus fiéis elevadas explicações, nem expor-lhes as exigências da vida cristã; sente-se na necessidade de estar cordial e pessoalmente unido a eles, de homem a homem, de coração a coração.

A delicada Epístola a Filêmon, com a qual se deveria começar a leitura das Cartas de São Paulo, é um monumento comovedor a essa sensibilidade extraordinariamente cordial. Aquele que é o Apóstolo das gentes, sobre quem pesam, segundo a sua própria expressão, a solicitude e o cuidado de todas as igrejas[25], preocupa-se nessa brevíssima Carta pela sorte de um escravo que fugiu do seu senhor: "Eu, Paulo, idoso como estou, e agora preso por Jesus Cristo, venho suplicar-te pelo meu filho Onésimo, que gerei na

---

(25) Cf. 2 Cor 11, 29.

prisão"[26]. Palpita aqui um coração que, se não se mostra tão delicado e suave em todas as Cartas, é sempre profundo e ardente.

Em contraposição às pinturas e imagens amargadas que se foram fazendo, o que se observa em Paulo é a sua preocupação pelas almas, cheia de uma delicadeza quase maternal, de um gozoso otimismo e de uma afetuosa gratidão. Fala às numerosas e diferentes cristandades numa linguagem adequada a cada uma, aos seus problemas e perigos. Aos sábios do Areópago de Atenas, cita-lhes filósofos e poetas; porém, ao povo simples das ruas e do porto de Corinto, escreve-lhes: "Irmãos, não vos pude falar como a homens espirituais, mas como a carnais, como a criancinhas em Cristo. Dei-vos a beber leite, e não alimento sólido, que ainda não podíeis suportar"[27].

É verdade que em algumas ocasiões se mostrará duro com os adversários; no

---

(26) Fm 9.

(27) 1 Cor 3, 1-2.

entanto, preocupado com as suas almas, a arma que utiliza não é a aspereza, mas a paciência, que não apaga a mecha ainda acesa, e o elogio, que incute confiança e alento: "Dou graças a Deus por Jesus Cristo por todos vós, porque em todo o mundo é apregoada a vossa fé", diz aos romanos[28]. Honra os filipenses chamando-lhes "minha alegria e minha coroa"[29]. E quanto às próprias comunidades que lhe deram tanta preocupação — os gálatas e os coríntios —, cuida de atraí-las por meio da bondade[30]. Não deveriam aprender do pastor Paulo os pastores dos homens, particularmente os pastores do rebanho do Senhor?

A cidade de Antioquia da Síria, primeiro amor apostólico de Paulo, era pela sua posição geográfica como uma porta de entrada para o mundo. Foi nela que

---

(28) Rm 1, 8.
(29) Fl 4, 1.
(30) Cf., por exemplo, Gl 4, 15. 2 Cor 1, 14.

o Apóstolo vivenciou o primeiro encontro do Evangelho com a gentilidade, foi nela que anunciou a Boa Nova na língua dos gregos. Depois que a deixar, após um ano de permanência, nem por isso cessará de amá-la como se ama o primeiro filho; quando se encontrar separado dela pela distância e pelas preocupações, a ela voltará em pensamento para encontrar nas suas recordações novo alento e consolo. Mas, apesar de ser a terceira cidade do Império, Antioquia era para ele demasiado estreita. Nenhuma cidade, nem o mundo inteiro, eram suficientemente grandes para o seu coração.

Foi um momento solene aquele em que o Espírito Santo — provavelmente pelos lábios de algum dos homens dotados do dom de profecia na comunidade — pronunciou esta ordem: "Separai-me Barnabé e Paulo para a missão a que os destinei"[31]. Só a vontade de Deus, não a própria, nem os mais

---

(31) At 13, 2.

ardentes desejos, podem tomar a iniciativa na obra de salvação do mundo.

Os irmãos que naquela altura impuseram as mãos sobre os dois, em sinal de aliança e missão, não pressentiam até que ponto havia de ser rica a floração de comunidades que, por meio de Paulo, viriam a incorporar-se à igreja-mãe. Por sua vez, Paulo, como um bosque agitado por uma tormenta primaveril, sentia-se cheio de gozoso assombro perante a grandeza da sua missão, e essa sagrada tormenta nunca mais o deixaria em paz. Daí em diante, o Apóstolo seria uma chama viva e ambulante de Pentecostes, o "judeu errante" num sentido mais profundo.

Costuma-se falar das suas três viagens apostólicas, mas, na realidade, toda a sua vida foi uma só viagem sem descanso e sem fim, com algumas interrupções — de até três anos —, em que permaneceu nesta ou naquela comunidade. Antes de mais nada, tinha de ir aos principais lugares do mundo, às cidades mais importantes política, científica, cultural e religiosamente, como

Corinto, Éfeso, Roma, nas quais se deteria longo tempo para nelas plantar a semente do cristianismo.

O seu ideal não era ser apenas um conquistador passageiro. Se as suas primeiras viagens parecem muitas vezes uma rápida incursão, a culpa está nos seus adversários, que o obrigavam a deslocar-se de um lado para outro. Gostava de trabalhar mais em profundidade do que em extensão: temos de chegar, afirma, ao "estado de varão perfeito, segundo a medida da idade madura de Cristo, [...] a fim de que possais compreender, com todos os cristãos, qual é a largura, o comprimento, a altura e a profundidade [deste mistério], isto é, conhecer o amor de Cristo que ultrapassa todo o entendimento, e sejais cheios de toda a plenitude de Deus"[32].

Seria também uma ideia errada pensar que o seu trabalho apostólico consistiu fundamentalmente em entregar-se a uma laboriosa agitação, a uma organização cada

---

(32) Ef 4, 13 e 3, 18-19.

vez mais extensa, a umas diretrizes audazes e limitadas a uns círculos seletos. Os seus métodos missionários eram tão simples e pacientes como os de qualquer pároco de aldeia: a pregação, a catequese, o trato pessoal, o exemplo. Antes de partir de Mileto a caminho de Roma, recordará afetuosamente aos anciãos da comunidade de Éfeso, a quem tinha mandado chamar: "Bem sabeis de que modo me tenho comportado sempre convosco, desde o primeiro dia em que entrei na Ásia. Servi o Senhor com toda a humildade, com lágrimas e no meio das provações que me sobrevieram pelas ciladas dos judeus. Vós sabeis como não tenho negligenciado, como não tenho ocultado coisa alguma que vos pudesse ser útil. Preguei e instruí-vos publicamente e dentro de vossas casas. Preguei aos judeus e aos gentios a conversão a Deus e a fé em nosso Senhor Jesus. Servi o Senhor com toda a humildade, no meio de adversidades e lágrimas"[33].

---

(33) Cf. At 20, 17-38.

Quando chegara a Antioquia, o Evangelho era a menor semente da terra, e ele, como o jovem Davi que saiu a combater o gigante Golias. Sem recursos econômicos, sem ajudas oficiais, sem bagagem — em Trôade deixaria esquecida até a sua capa, além dos pergaminhos[34] —, saía agora a combater o Golias da gentilidade por terras onde ainda não havia sido anunciado o nome de Cristo[35]. E avançará por essas terras como Davi, "em nome do Senhor"; sabe que tudo pode nAquele que lhe dá forças[36].

Antioquia foi para Paulo o umbral do mundo, a primavera da sua obra apostólica. A primavera é bela, mas talvez mais belo seja o verão, com o seu sol e as suas colheitas. Louvado sejas, Senhor, pela primavera! Louvado sejas pelo verão!

---

(34) 2 Tm 4, 13.

(35) Rm 15, 20.

(36) Cf. 1 Sm 17, 45 e Fl 4, 13.

A Galácia

A região da Galácia, no centro da Ásia Menor, tinha sido conquistada pelos gálatas, tribo celta assentada nas margens do Reno. Os seus limites eram a Paflagônia, o Ponto, a Capadócia, a Licaônia, a Frígia e a Bitínia, países que conhecemos em parte pelas Cartas de São Pedro. A principal cidade era Ancira, hoje Ankara, na Turquia. No ano 25 a.C., a Frígia, a Pisídia e a Licaônia, juntamente com a região da Galácia, tinham passado a formar a província romana da Galácia. Paulo percorreria a parte sul dessa província na sua primeira viagem, e a parte norte, que era a Galácia propriamente dita, na segunda e na terceira.

É provável que o Apóstolo tivesse a intenção de percorrer a Galácia quando partiu de Antioquia da Síria com Barnabé e Marcos, sobrinho de Barnabé, rumo à ilha de Chipre. Foi Barnabé quem propôs essa ilha como primeira escala, já que Chipre era a sua terra natal. Os três atravessaram toda a ilha, de Salamina a Pafos na costa sudoeste.

Essa viagem teve uma consequência moral muito importante: o procônsul Sérgio Paulo — "homem de muita prudência", segundo o elogio que lhe fazem os Atos dos Apóstolos[37] —, tendo-se decepcionado com o mago judeu Elimas, recebeu a fé. Bom começo e prenúncio para Paulo, que tinha também a missão de pregar o Evangelho aos grandes da terra.

Mas Chipre, uma ilha de 9.280 quilômetros quadrados — atualmente com uma população de cerca de 800 mil habitantes — oferecia muito pouco espaço para o seu apostolado, e por isso "Paulo e os seus companheiros navegaram de Pafos e chegaram a Perge, na Panfília"[38].

Propositadamente, Lucas coloca aqui Paulo à cabeça do grupo, ao invés de Barnabé, pois é ele que agora toma a iniciativa. Não era uma rota que tivesse sido decidida ao partirem de Antioquia, e foi

---

(37) At 13, 7.

(38) At 13, 13.

então que o jovem Marcos se separou dos dois e voltou para Jerusalém. Talvez se tivesse decepcionado porque Paulo assumira a liderança, deixando de lado o seu tio Barnabé, mas o Apóstolo não lhe perdoará tão facilmente essa atitude, que considerou como uma fuga às dificuldades da empresa[39]. Dürer, no seu famoso quadro, pinta Paulo quase como se estivesse irritado com Marcos: olham um para o outro com um olhar estranho e frio. Anos mais tarde, quando o Apóstolo estiver preso em Roma, voltarão a encontrar-se, já sem o menor vestígio das antigas divergências[40].

A *Galácia* é o símbolo das primeiras tormentas de verão, dessas tormentas que passam rapidamente, mas que, sob o forte calor, servem para amadurecer a natureza, os homens e até os apóstolos.

---

(39) At 15, 38.
(40) 2 Tm 4, 11.

O caminho de Perge a Antioquia da Pisídia era longo e extenuante, de cerca de trezentos quilômetros. Com as roupas ensopadas de suor sob um sol de bronze, os dois viajantes alcançaram o cume do Tauro na Lícia, de mais de três mil metros, e, depois de transporem de coração sobressaltado as estreitas gargantas infestadas de bandidos, chegaram por fim à cidade, cansados e silenciosos, ao anoitecer. Apesar disso, já no primeiro sábado após a chegada anunciaram na sinagoga dos judeus da Diáspora a mensagem de que eram portadores — Jesus Cristo: "Por Ele é justificado todo aquele que crê"[41].

Em toda a parte, nas suas viagens de missão, Paulo procurava antes de mais nada pôr-se em contato com os judeus, porque era a eles, Povo eleito, que "devia ser pregada em primeiro lugar a palavra de Deus"[42]. Nas sinagogas, encontrava-se

---

(41) At 13, 39.

(42) At 13, 46.

também com os pagãos de boa vontade, chamados prosélitos, que procuravam com reta intenção a fé no Deus verdadeiro. A mensagem do Apóstolo caía como um raio de luz nesse auditório, e por isso suscitava com frequência a inveja e o ciúme entre os ouvintes judeus. A missão na Antioquia pisídica mostra-nos esse processo que quase se pode considerar um esquema: aceitação contraditória por parte dos judeus, entusiasmo entre os pagãos, polémica com os judeus, perseguição e expulsão de Paulo.

Após algum tempo pregando aos pagãos em Antioquia, a tal ponto que "a palavra de Deus se divulgava por toda a região"[43], Paulo e Barnabé tiveram que deixar a cidade porque os judeus "instigaram certas mulheres religiosas da aristocracia e os principais da cidade, que excitaram uma perseguição [contra os Apóstolos] e os expulsaram do seu território. Estes sacudiram contra eles

---

(43) At 13, 49.

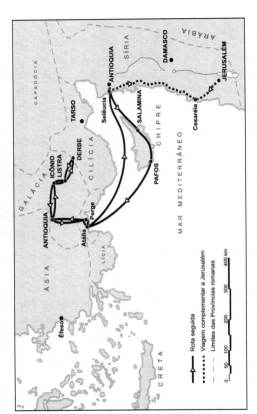

A primeira viagem de São Paulo, com Barnabé.

o pó dos seus pés, e foram para Icônio"[44], a cento e trinta quilômetros de Antioquia da Pisídia.

Ali se repetiu esse processo, a tal ponto que "a população da cidade ficou dividida: uns eram pelos judeus, outros pelos Apóstolos. Mas como se tivesse levantado um movimento entre os gentios e os judeus, com os seus chefes, para os ultrajar e apedrejar"[45], Paulo e Barnabé dirigiram-se às cidades da Licaônia, Listra e Derbe. Ali deu-se um episódio memorável, que vale a pena lermos na narração de Lucas.

"Em Listra vivia um homem aleijado das pernas, coxo de nascença, que nunca tinha andado. Sentado, ouvia Paulo pregar. Este, fixando nele os olhos e vendo que tinha fé para ser curado, disse em alta voz: 'Levanta-te bem direito sobre os teus pés!' Ele deu um salto e pôs-se a andar. Vendo a multidão o que Paulo fizera, levantou a voz,

---

(44) At 13, 50-51.

(45) At 14, 4-5.

gritando em língua licaônica: 'Deuses em figura de homens desceram até nós!' Chamavam a Barnabé Zeus e a Paulo Hermes, porque era este quem detinha a palavra[46]. Um sacerdote de Zeus trouxe para as portas touros ornados de grinaldas, querendo, de acordo com todo o povo, sacrificá-los [aos Apóstolos]. Mas Barnabé e Paulo, ao perceberem isso, rasgaram as suas vestes e saltaram no meio da multidão: 'Homens, clamavam eles, por que fazeis isto? Também nós somos homens, da mesma condição que vós'"[47].

Mas Paulo passaria agora a experimentar até que ponto era encarniçado o ódio dos seus conterrâneos: os judeus de Antioquia e Icônio, não contentes com tê-los expulsado do seu território, enviaram emissários a Listra para sublevar o povo

---

(46) Zeus, para os povos gregos ou helenizados, representava o deus principal, repleto de majestade, e Hermes o mensageiro ou arauto dos deuses (N. do T.).

(47) At 14, 8-15.

contra os Apóstolos, e fizeram tão bem o seu serviço que Paulo foi apedrejado e dado por morto[48]. Arrastado para fora da cidade, os discípulos recolheram-no sem sentidos. Mas, incansável e invencível, o Apóstolo recuperou-se e no dia seguinte partiu com Barnabé para Derbe.

Passados uns meses, felizes de terem trabalhado e sofrido por Cristo, os dois regressaram a Antioquia da Síria pelo mesmo caminho longo e cansativo da ida: passaram por Listra, Icônio e Antioquia da Pisídia, onde "confirmavam as almas dos discípulos e os exortavam a perseverar na fé, dizendo-lhes que era necessário entrar no reino de Deus por meio de muitas tribulações"[49].

Toda a viagem deve ter durado entre dois e quatro anos, e, com todas as suas fadigas apostólicas, foi como que uma *ouverture* do

---

(48) At 14, 19.
(49) At 14, 22.

espetáculo que Paulo havia de oferecer "aos anjos e aos homens"[50].

O incidente de Antioquia

Logo depois do retorno de Paulo e Barnabé, a jovem igreja de Antioquia da Síria viria a atravessar algumas situações realmente difíceis: a luta dos judaizantes contra a missão de Paulo entre os gentios, porque os dispensava da submissão à Lei; a decisão pela qual o Concílio Apostólico daria a razão a Paulo; e o chamado "conflito de Antioquia" com Pedro.

Esta última questão dizia respeito à posição que os cristãos vindos da gentilidade deviam ocupar dentro da Igreja.

Com o batismo de Cornélio, o primeiro pagão que se convertera, São Pedro havia definido que não só o Povo eleito, mas também os povos gentios podiam participar do reino de Cristo. "Deus mostrou-me

---

(50) Cf. 1 Cor 4, 9.

que nenhum homem deve ser considerado profano ou impuro [...]. Porventura pode-se negar a água do batismo a estes que receberam o Espírito Santo como nós? E mandou que fossem batizados em nome de Jesus Cristo"[51].

Essa decisão suscitou críticas e censuras dos cristãos vindos do judaísmo, alguns dos quais, levados pela mesquinhez, "desceram da Judeia [a Antioquia] e puseram-se a ensinar aos irmãos o seguinte: Se não vos circuncidais, segundo o rito de Moisés, não podeis ser salvos"[52]. Paulo e Barnabé opuseram-se a essa doutrina com todo o seu peso apostólico.

Para chegar a uma solução para essa disputa, foi preciso convocar o chamado "Concílio Apostólico", celebrado em Jerusalém no ano 49. Os ânimos estavam acirrados e a discussão foi longa e acalorada. Mas Pedro estava ali, e com enorme

---

(51) At 10, 28-47

(52) At 15, 1.

simplicidade e prudência solucionou o impasse em favor dos cristãos vindos do paganismo: "Deus, que conhece os corações, testemunhou a este respeito, [...] e não fez distinção alguma entre nós e eles, purificando pela fé os seus corações. Por que, pois, provocais agora a Deus, impondo aos discípulos um jugo que nem os nossos pais nem nós pudemos suportar?"[53]

Mas a decisão conciliar ainda não resolveu a questão, conforme se deduz da Epístola aos Gálatas. O Concílio Apostólico nada decidiu sobre a situação dos judeu-cristãos quanto à Lei mosaica, nem tinha havido ocasião para isso. Os judeu-cristãos sentiam-se tanto mais fortemente vinculados à Lei quanto mais — no seu modo de ver — os pagão-cristãos se distanciavam dela. Isso acarretou a formação de um "partido judaizante" e algumas desavenças e dificuldades nas comunidades judaicas e pagãs.

---

(53) Cf. At 15, 8-10.

Pouco depois da reunião dos Apóstolos em Jerusalém, Pedro foi a Antioquia, onde participava das refeições com os cristãos vindos do paganismo. Quando chegaram alguns da parte de Tiago, "retraiu-se e separou-se [dos pagãos convertidos], temendo os circuncidados"[54]. Seria uma demonstração de fraqueza?

Tomemos a liberdade de arriscar umas palavras em defesa de Pedro. O Apóstolo encontrava-se numa situação muito delicada, entre os judeus e os pagão-cristãos: se continuasse a comer com os gentios, indispor-se-ia com os judeus; se se sentasse à mesa dos judeus, feriria os sentimentos dos gentios. Ora, já por duas vezes tinha ele defendido os gentios; assim, não pensamos que seja imperdoável que, num assunto que envolvia apenas um detalhe da vida prática, tivesse querido dar um sinal de condescendência para com os judeus.

---

(54) Gl 2, 11ss.

Paulo, porém, entendeu que a questão era mais ampla e profunda. Os cristãos vindos do paganismo corriam o perigo de converter-se em cristãos de segunda categoria, a não ser que se submetessem às mil e uma práticas higiênicas e alimentares da Lei mosaica, apesar das garantias dadas por Pedro de que estavam livres do cumprimento da Lei. Seria um golpe mortal para a nascente missão entre os gentios e uma traição à própria essência do cristianismo, que não reside na submissão à Lei, mas na libertação realizada por Cristo.

Ora, o exemplo de Pedro tinha efetivamente começado a semear confusão na comunidade de Antioquia: outros judeu--cristãos e o próprio Barnabé, Apóstolo dos gentios, afastavam-se da convivência com os pagão-cristãos. São Paulo refere--se a isso com veemência na sua Epístola aos Gálatas: "Quando vi que esse procedimento não era segundo a verdade do Evangelho, disse a Cefas, em presença de todos: 'Se tu, que és judeu, vives como os gentios e não como os judeus, com que direito obrigas os pagãos convertidos a viver como os judeus?'"[55]

Tentou-se dissimular a aspereza e o azedume desta contenda, embora na realidade o episódio só demonstre que Pedro e Paulo eram humanos. Além disso, Paulo tinha razão: o comportamento de Pedro criava o perigo de que o cristianismo retornasse ao judaísmo e fechasse as portas à gentilidade. Paulo tinha de falar para afastar esse gravíssimo perigo. Talvez pudesse ter apresentado o problema de uma forma mais moderada — *fortiter in re, suaviter in modo*, "com fortaleza na substância, porém de modo suave" —, mas o seu caráter colérico atuava *fortiter* tanto à hora de pensar como à de agir.

Pedro recebeu humildemente a áspera repreensão diante de toda a assembleia e não se refugiou na sua autoridade para elaborar uma desculpa ou uma defesa para as suas faltas. A passagem da Epístola aos

---

(55) Cf. Gl 2, 11-14.

Gálatas dá a entender claramente que cedeu de maneira incontestável a vitória a Paulo, e sabemos também que não guardou nenhum ressentimento pela repreensão recebida do "nosso caríssimo irmão Paulo"[56]. A sua humildade não é menos admirável que a santa liberdade do Apóstolo dos gentios.

A discussão de Antioquia deu lugar a muitas suposições e conjecturas. Pretendeu-se extrair dela um argumento contra o Primado de Pedro; chegou-se a ver nela a expressão de duas hipotéticas tendências opostas na Igreja primitiva, o "petrinismo" e o "paulinismo". Mas a própria Sagrada Escritura lança por terra tais interpretações.

Encontramos na própria Epístola aos Gálatas o reconhecimento da autoridade de Pedro por parte de Paulo, que afirma ter ido a Jerusalém ver Cefas e ter passado com ele

---

(56) 2 Pd 3, 15.

quinze dias, e conta Pedro entre os "varões principais" de quem recebeu a confirmação da sua missão entre os gentios[57].

A própria contenda de Antioquia é antes um argumento em favor da posição preeminente de Pedro na Igreja primitiva. Precisamente porque conhecia a importância de Pedro e nela acreditava, Paulo exigia dele uma conduta tão rigorosamente retilínea. Não combatia a autoridade de Pedro, mas as perigosas consequências da sua fraqueza. Não pretendia um cisma, mas, pelo contrário, a unidade de todos, judeus e pagãos, sobre a Rocha em que o Senhor construíra a sua Igreja.

Portanto, ninguém é tão contrário à teoria do "petrinismo versus paulinismo" na Igreja primitiva como o próprio Paulo. Quando na cristandade de Corinto surgirem algumas tendências: "Eu sou de Paulo, eu de Apolo, eu de Cefas, eu de Cristo", Paulo rogar-lhes-á com insistência: "Rogo-vos,

---

(57) Gl 1, 18. 2, 6-10.

irmãos, em nome do nosso Senhor Jesus Cristo, que todos estejais de pleno acordo e que não haja entre vós divisões. Vivei em boa harmonia, no mesmo espírito e no mesmo sentimento. Então, estará Cristo dividido? É Paulo quem foi crucificado por vós? É em nome de Paulo que fostes batizados?"[58]

A arte e a liturgia ressaltam essa perfeita união entre Pedro e Paulo desde os primeiros séculos cristãos até aos nossos dias. Num dos seus sermões, São João Crisóstomo chama-os de "junta apostólica". Nas mais antigas pinturas, são apresentados como se fossem irmãos. A partir do século III, ocupam nas representações do colégio apostólico um lugar de preeminência, um de cada lado do Salvador. E a liturgia celebra a festa dos dois conjuntamente no dia 29 de junho.

São Lucas é quem na primeira e segunda parte dos seus Atos dos Apóstolos une fraternalmente os dois, traçando o primeiro e

---

(58) 1 Cor 1, 10-14.

mais belo retrato dessas duas figuras que, com o correr dos séculos, haveriam de aparecer juntas. Pedro e Paulo! Não eram, apesar dos episódios de Antioquia, nem rivais nem adversários: eram dois raios concentrados no mesmo sol divino, duas vozes que se faziam eco da mesma palavra divina. Os dois eram um no mesmo Senhor Jesus Cristo. A Ele, Unidade e Totalidade, seja dada a honra e a glória!

Novamente na Galácia

Um pai espiritual não deve limitar-se a dar a vida em Cristo, mas cuidar também de que cresça. Para Paulo, foi fundamental não deixar entregues ao seu destino as comunidades que fundou, nem confiá-las simplesmente aos seus colaboradores, mas considerar sempre como um dever pessoal conservar e intensificar nelas o fervor da primeira fé e do primeiro amor. Decorrido algum tempo — cerca de dois anos —, o Apóstolo disse: "Tornemos a visitar os irmãos por todas as cidades onde pregamos a palavra do Senhor para ver como passam"[59].

Vergado sob o peso do verão apostólico, mas firme e impávido, Paulo empreendeu novamente, já muito avançado o ano 49, a sua segunda viagem missionária, levando por companheiro Silas em lugar de Barnabé. Percorreu a Síria e a Cilícia e atravessou pela segunda vez o Tauro, agora pelo lado oriental, de quase quatro mil metros de altura. Voltou a visitar os cristãos de Derbe, Listra e Icônio, e alegrou-se de vê-los, como um pai se alegra de ver os filhos crescerem.

A comunidade de Listra pôde oferecer-lhe o primeiro e mais valioso fruto da sua fé: o jovem Timóteo, que a partir desse momento acompanharia o seu venerado mestre como uma gozosa primavera[60]. "Dou graças a Deus — escreve-lhe Paulo pouco

---

(59) At 15, 36.

(60) Cf. At 16, 1ss.

antes da sua morte — [...] e lembro-me de ti sem cessar nas minhas orações, de noite e de dia. Quando me vêm ao pensamento as tuas lágrimas, sinto um grande desejo de te ver para que a minha alegria seja completa. Conservo a lembrança da tua fé tão sincera, que foi primeiro a da tua avó Loide e da tua mãe Eunice, e que estou certo de que habita também em ti"[61].

Atravessou em seguida "a Frígia e a província da Galácia"[62]. Dos gálatas, dá testemunho de que, da primeira vez, o tinham acolhido "como um enviado de Deus, como o próprio Jesus Cristo"[63], embora tivesse adoecido e representado para eles uma verdadeira provação. Mas essa comunidade viria a ser a sua maior preocupação. Na Carta que, por volta do ano 54, lhe escreverá de Éfeso — a mais apaixonada de todas as suas Cartas —,

---

(61) 2 Tm 1, 3-5.

(62) At 16, 6.

(63) Gl 4, 14.

palpitará a sua preocupação, cólera e dor pelas deserções nela ocorridas: "Ó gálatas insensatos! Quem vos fascinou [...]? Sois assim tão néscios? Depois de terdes começado pelo Espírito, quereis agora acabar pela carne?"[64]

Aconteceu que os judaizantes punham Paulo em oposição aos demais Apóstolos e tratavam maliciosamente de fazer com que os fiéis retornassem da liberdade dos filhos de Deus para o jugo da Lei mosaica. Com a energia de um leão e a dor de um pai, Paulo defende-se e defende o seu Evangelho: "Foi para que fôssemos homens livres que Cristo nos libertou. Permanecei firmes, portanto, e não vos submetais outra vez ao jugo da escravidão"[65].

A Galácia! Estremece-nos pensar que essa região, regada por Paulo com suor e lágrimas na sua primeira e segunda

---

(64) Cf. Gl 3, 1-6.
(65) Gl 5, 1.

viagens, se tenha perdido para Cristo há tantos séculos. Hoje já não floresce nela a Cruz, mas o Crescente. Se o Apóstolo voltasse a visitá-la, sentiria uma profunda dor e haveria de escrever uma nova Epístola aos Gálatas, ainda mais chamejante. Mas depois continuaria o seu caminho: Para a frente! A palavra de Deus não está acorrentada a nenhuma região[66].

Nesse país, foi-lhe vedado — numa intervenção divina fora do ordinário — prosseguir a sua caminhada para o sul e para o norte: "Foram proibidos pelo Espírito Santo de anunciar a palavra de Deus na Ásia. Ao chegarem aos confins da Mísia, tencionavam seguir para a Bitínia, mas o Espírito de Jesus não o permitiu"[67]. Que misteriosos e secretos planos tinha a graça? A que países privilegiados deviam eles levar o Evangelho?

---

(66) Cf. 2 Tm 2, 9.
(67) At 16, 6-7.

Filipos e Tessalônica

Filipos, colônia romana e a primeira cidade da região da Macedônia[68], tinha uma população formada principalmente por veteranos do Império e fora enriquecida por Otaviano no ano 42 com os direitos da cidadania romana e privilégios tributários. Viria a ocupar também um lugar de destaque no coração do Apóstolo. Foi a primeira cidade europeia sobre a qual o Evangelho resplandeceu como uma aurora.

Paulo tinha-se detido em Trôade, como que observando o caminho que convinha seguir na difusão do Evangelho, quando uma noite teve uma estranha visão: "Um macedônio estava diante dele e suplicava-lhe: 'Vem à Macedônia e ajuda-nos'"[69]. A essa súplica unia-se silenciosamente toda a Europa, e nós mesmos gemíamos, como o coro dos não-nascidos no *Gran*

---

(68) At 16, 12.

(69) At 16, 9.

teatro del mundo de Calderón de la Barca, suplicando a vida e a luz de Cristo.

É verdade que inúmeras mãos iam acendendo a luz de Cristo pelo mundo, mas somente entre os judeus da Diáspora. Agora o Apóstolo vai oferecer a luz do Evangelho aos gentios — uma luz incomparavelmente mais bela que todas as tochas dos jogos olímpicos que tinham atravessado esse país —, precisamente pelos caminhos da Grécia, que ligavam o Oriente ao Ocidente. Acompanhavam-no os seus discípulos Silas, Timóteo e Lucas.

Foi em Filipos, sobre o primeiro solo europeu, que se ajoelhou aos seus pés a nobre *Lídia*, para receber o mensageiro da fé e forçá-lo a permanecer na cidade[70]. De todas as cristandades fundadas pelo Apóstolo, essa de Filipos foi de algum modo para ele o que foi para o patriarca Jacó o seu filho José: a "sua alegria e a sua coroa"[71].

---

(70) At 16, 15.
(71) Cf. Fl 4, 1.

Foi de lá que ele recebeu o que não quis aceitar de nenhuma outra igreja — ajuda econômica; as suas relações com Filipos eram tão profundas e delicadas que o dinheiro não as podia fazer perigar. Na sua Epístola aos Filipenses, a mais cordial e pessoal de todas as Cartas paulinas — escreveu-a no ano 63, já perto do fim da sua primeira prisão em Roma —, dá graças emocionadamente aos filipenses pelos donativos que lhe enviaram à Cidade Eterna por meio de Epafrodito: "Fizestes uma obra boa acorrendo em alívio da minha tribulação [...]. Não é o donativo em si que procuro, mas os lucros que vão aumentando a vosso crédito. Recebi tudo, e em abundância [...]. Em recompensa, o meu Deus há de prover magnificamente a todas as vossas necessidades, segundo a sua glória, em Jesus Cristo"[72].

É de comemorar a feliz acolhida que a Europa ofereceu ao Apóstolo em Filipos.

---

(72) Cf. Fl 4, 10-20.

Essa cidade foi como um refúgio e um oásis no meio de esgotador verão apostólico. Mas foi só um oásis?

Tessalônica, a segunda cidade da Macedônia visitada por Paulo, a duzentos quilômetros de Filipos, não teria recebido tão cedo a mensagem evangélica se em Filipos tudo tivesse sido alegria para o Apóstolo. Mas aquele primeiro solo europeu recebeu dele, junto com as bênçãos, o seu suor e o seu sangue. Fora o sangue que redimira o mundo, e haviam de ser o sangue do corpo e o sangue da alma que fariam frutificar a Redenção.

Paulo tinha curado na cidade uma jovem escrava possuída pelo demônio, que dava grandes lucros aos seus senhores com as suas adivinhações[73]. Ao verem estes que essa fonte de lucro se desvanecia, levaram Paulo e Silas aos magistrados, acusando-os de alvoroçarem os habitantes. Os magistrados mandaram "arrancar-lhes as vestes e

───────────

(73) At 16, 16-18.

açoitá-los". Depois de receberem muitos açoites, os dois foram lançados num calabouço, com os pés presos ao cepo.

Durante a noite, porém, houve um terremoto, e as portas das celas se desconjuntaram. O carcereiro, vendo o que acontecera e pensando que os presos tinham fugido, quis matar-se, mas Paulo e Silas não só o impediram de fazê-lo, como ainda o consolaram e converteram. Agradecido, o homem levou-os para sua casa, lavou-lhes as feridas e deu-lhes de comer[74].

Após essa noite de milagres, de assombro e de graça, foram libertados pelos próprios magistrados, que, temerosos por terem mandado açoitar sem o saberem um cidadão romano, suplicaram a Paulo com muito boas palavras que saísse da cidade[75]. Foi esse o motivo que levou Paulo a Tessalônica. O cristianismo jamais poderá deixar o demônio em paz, e por isso

---

(74) Cf. At 16, 23-34.

(75) At 16, 25-40.

também o demônio jamais deixará o cristianismo em paz.

Tessalônica, hoje Saloniki, era a principal cidade da Macedônia, lugar de residência do pretor romano e, no tempo do Apóstolo, um dos portos e mercados mais importantes do Império romano. Por isso viviam lá muitos judeus, e foi a eles que Paulo começou por anunciar a Boa Nova: "Este Messias é Jesus, que eu vos anuncio"[76].

Depois procurou os gentios, mas o êxito que teve entre eles suscitou a inveja dos judeus influentes: "Reuniram alguns homens da plebe e com essa gente amotinaram toda a cidade". Fizeram perante o pretor romano as mesmas acusações que Pilatos ouvira na Sexta-feira Santa: "Estes homens [Paulo e Silas] amotinam todo o mundo. [...] Contrariam os decretos de César, proclamando outro rei, Jesus"[77]. O nobre Jasão, que lhes

---

(76) At 17, 3.

(77) At 17, 6-7.

tinha dado hospitalidade, ofereceu fiança por eles, e assim o Apóstolo não foi preso. A pedido dos irmãos, porém, os dois saíram naquela mesma noite para a Bereia, a oitenta quilômetros de distância.

Uma estada de apenas três semanas, como foi a de Paulo em Tessalônica[78], era muito pouco para que o Evangelho deitasse raízes na cidade. Intranquilo por isso, o Apóstolo enviaria Timóteo de Atenas para lá, com a missão de cuidar daquela frágil planta. Assim, no meio das riquezas, ambições e sensualidade daquele ambiente, floresceria ali, com grande vigor, uma Igreja cristã.

Na primavera do ano 51, Paulo viria a dirigir de Corinto a essa cidade as duas Epístolas aos Tessalonicenses. E com que alegria! "Vós vos tornastes modelo para todos os fiéis da Macedônia e da Acaia [...]. Como poderemos agradecer a Deus por vós, por toda a alegria que tivemos diante

---

(78) At 17, 2.

dEle por vossa causa?"[79] De qualquer modo, vê-se obrigado a defender-se das intrigas dos seus inimigos e a pôr de sobreaviso o seu rebanho acerca dos perigos com que o mundo o ameaça: "Esta é a vontade de Deus: a vossa santificação; que eviteis a impureza [...], e que ninguém oprima nem defraude o seu irmão"[80].

Mais para o fim da sua primeira Carta, Paulo intercalou um parágrafo acerca da segunda vinda do Senhor, a Parusia: "Quando for dado o sinal, à voz do arcanjo e ao som da trombeta de Deus, o próprio Senhor descerá do céu e ressurgirão primeiro os que morreram em Cristo. Depois nós, os vivos, os que estamos ainda na terra, seremos arrebatados juntamente com eles sobre as nuvens ao encontro do Senhor pelos ares, e assim estaremos para sempre com o Senhor"[81]. Essa afirmação

---

(79) 1 Ts 1, 7. 3, 9.
(80) 1 Ts 4, 3-6.
(81) 1 Ts 4, 16-17.

caiu como um raio no meio da comunidade de Tessalônica, oprimida pelos vexames e menosprezos dos pagãos. Dessas palavras deduziram que era certa e imediata a nova vinda do Senhor para julgar a humanidade.

O próprio Paulo desejava ardentemente essa vinda, como se depreende de muitas passagens das suas Cartas[82], mas nunca a ensinou como imediata, ao contrário do que pretendem os chamados escatologistas. O Apóstolo conhecia a sentença do Senhor: "Sobre aquele dia e aquela hora, ninguém sabe nada, nem os anjos do céu nem o Filho, mas somente o Pai"[83].

Os "últimos tempos" tinham começado com a vinda de Cristo: tinha-se iniciado o cumprimento das promessas divinas feitas às gerações anteriores. Mas nem Paulo nem os outros sabiam quando esses "últimos tempos" haviam de chegar à sua

---

(82) Cf., por exemplo, 1 Cor 7, 29. 16, 23.

(83) Mt 24, 36.

plenitude. Pelo ímpeto com que se dedicava à sua tarefa apostólica para a construção de um mundo cristão, vê-se claramente que o Apóstolo não pensava que este mundo estivesse prestes a desaparecer.

Na sua segunda Epístola aos Tessalonicenses, manifesta-se, pois, energicamente contra a falsa interpretação daquelas palavras: "No que diz respeito à vinda do nosso Senhor Jesus Cristo e à nossa reunião com Ele, rogamo-vos, irmãos, que não vos deixeis facilmente perturbar o espírito e alarmar-vos, nem por alguma pretensa revelação nem por palavra ou carta que se diga virem de nós e que vos afirmem estar iminente o dia do Senhor. Ninguém de modo algum vos engane. Porque primeiro deve vir a apostasia, e deve manifestar-se o homem da iniquidade, o filho da perdição, o adversário, aquele que se levanta contra tudo o que é divino e sagrado"[84].

---

(84) 2 Ts 2, 1-4.

Filipos! Tessalônica! Cada comunidade cristã, tal como cada cristão, tem o seu próprio rosto e a sua própria história diante do Senhor. Mas todas refletem Cristo e todas compõem a plenitude de Cristo, sem no entanto alcançarem a perfeição, porque Cristo é sempre mais, infinitamente mais que todos!

Tessalônica! O sol do verão no trabalho de Paulo vai subindo pouco a pouco até chegar perto do seu zênite: Atenas.

Atenas

Em Atenas, o Evangelho encontra-se com a filosofia, Jesus com Sócrates, Platão e Aristóteles. A luz clara e verdadeira que ilumina todo o homem que vem a este mundo desfralda toda a sua formosura, porque a sabedoria e a ciência deste mundo são apenas um debilíssimo reflexo do Logos, que é a luz dos homens, a imagem do Deus invisível e o primogênito de toda a criação.

Já em outra ocasião a sabedoria e a ciência se tinham prostrado diante do Verbo de Deus, na adoração e homenagem dos Magos: os sábios tinham oferecido à Sabedoria os tesouros que dela tinham recebido. Agora é o Logos que, pelo seu mensageiro Paulo, vai enfrentar a sabedoria deste mundo. No tempo do Apóstolo, Atenas era ainda — embora tivesse perdido o seu primeiro esplendor — o ponto de encontro de todas as correntes da filosofia e da arte. Todas as escolas tinham ali a sua cátedra: os cínicos, os epicúreos, os estoicos[85]. Todos os países mandavam a Atenas a flor da sua juventude, e era de muito bom tom ir fazer lá os seus estudos.

---

(85) Cínicos: nome dado aos adeptos de uma corrente filosófica que se caracterizava especialmente pela oposição aos valores sociais vigentes, considerados inconciliáveis com uma vida virtuosa. Epicúreos: adeptos do filósofo grego Epicuro (341--270 a.C.), segundo o qual a felicidade consistiria unicamente num prazer comedido e espiritual. Sobre os estoicos, ver a n. 19 do primeiro capítulo (N. do T.).

Na sua primeira Epístola aos Tessalonicenses, Paulo tem umas palavras muito significativas acerca da sua estada em Atenas: "Sozinho em Atenas!"[86] Essa lacônica notícia impressiona, tanto mais que, se o Apóstolo não contava com a presença dos seus companheiros, era porque ele próprio os tinha mandado às cristandades de Tessalônica e Bereia, de onde tivera que fugir. Sentia-se só, mais desamparado que em nenhuma das outras cidades que visitara.

E a razão era que agora se dava conta do poder gigantesco do paganismo, que tinha em Atenas o seu mais forte reduto. Dos arcos dos pórticos, dos ângulos das ruas, contemplavam-no, seguros no seu triunfo, Zeus e Minerva, Baco e Afrodite: "À vista da cidade entregue à idolatria, o coração [de Paulo] enchia-se de amargura"[87]. De que modo podia aquele pobre e

---

(86) Cf. 1 Ts 3, 1.

(87) At 17, 16.

minúsculo judeu começar a pregar a sua mensagem de um novo Deus crucificado?

Sumido nas suas reflexões, deteve-se diante de um altar a um deus desconhecido. O Deus desconhecido! Sem sabê-lo, Atenas tinha deixado espaço para Jesus Cristo. E foi assim que o Apóstolo começou o seu discurso no Areópago, aonde o tinham levado epicúreos e estoicos, que discutiam entre eles, uns julgando-o um charlatão, outros um interessante pregador de novos deuses: "Homens de Atenas, em tudo vos vejo muitíssimo religiosos. Percorrendo a cidade e considerando os monumentos do vosso culto, encontrei também um altar com esta inscrição: *Ao Deus desconhecido*. Aquele que adorais sem o conhecer, eu vo-lo anuncio!: o Deus que fez o mundo e tudo o que nele há, o Senhor do céu e da terra, que não habita em templos feitos por mãos humanas"[88].

Paulo procurava o modo de construir, a partir do solo de Atenas, uma ponte para

---

(88) Cf. At 17, 17-31.

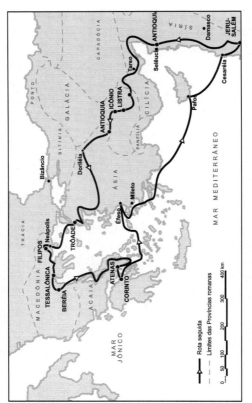

A segunda viagem de São Paulo, com Silas e outros companheiros.

a fé pura e sincera em Deus e, uma vez construído esse primeiro arco, continuá-lo até Jesus Cristo. Ali não podia recorrer, como perante os judeus, ao testemunho da Sagrada Escritura. Porém, o Verbo de Deus não se manifestou apenas nas palavras da Escritura, mas também na palavra íntima da consciência. Não eram somente Moisés e os Profetas que podiam guiar os homens para Cristo, mas também os filósofos e os poetas dos gentios, e Paulo apresenta-os no seu discurso como arautos do Senhor.

Assim ressoou naquela cidade, que suspirava pelo Deus desconhecido, o nome santíssimo de Jesus, "em quem se encerram todos os tesouros da sabedoria e da ciência"[89]: "Deus fixou o dia em que há de julgar o mundo com justiça por meio de um Homem, que para isso destinou, e a todos deu garantia disso ressuscitando-o dos mortos"[90]. Cristo fazia a sua entrada em

---

(89) Cl 2, 3.
(90) At 17, 31.

Atenas! Os primeiros raios do amanhecer iluminavam a cidade da sabedoria. Paulo desenvolveu todo o seu profundo conhecimento de Cristo sem fazer caso do torpor espiritual ou do nevoeiro mental dos seus ouvintes.

Mas "quando o ouviram falar da ressurreição dos mortos, alguns zombaram dele e outros diziam: 'Sobre isso te ouviremos outro dia'"[91]. Trágica realidade! Cristo, a palavra de Deus, ali como antes em Jerusalém, tinha vindo "ao que era seu, mas os seus não o receberam"[92]. E a colheita obtida pelo Apóstolo em Atenas foi bem pobre: "Houve alguns que aderiram a ele e creram, entre os quais Dionísio, membro do Areópago, e uma mulher chamada Dâmaris, e com eles alguns outros"[93].

Paulo não pôde formar em Atenas nenhuma comunidade; não chegou até nós

---

(91) At 17, 32.

(92) Jo 1, 11.

(93) At 17, 34.

nenhuma Carta sua dirigida a essa cidade. Saiu de lá, não perseguido e rejeitado, como em outras cidades, mas menosprezado e alvo de troças, o que é mais triste. Os sábios do Oriente tinham adorado outrora o Menino recém-nascido; os sábios de Atenas recusavam a fé liminarmente.

Por quê essa atitude tão diferente? Porque os atenienses sucumbiram ao peso da ciência, julgando-se orgulhosamente "como deuses, conhecedores do bem e do mal"[94], ao passo que os magos tinham deixado "cativar o seu entendimento para reduzi-lo à obediência a Cristo"[95]: nEle encontraram a perfeição e a plenitude de toda a sabedoria. A prova desta reside, também hoje, na Ressurreição de Jesus, menosprezada e zombada por uns e venerada e crida por outros. Se Cristo voltasse hoje ao mundo, não seria crucificado, seria ridicularizado. A zombaria é mais cruel e mais mortal que

_____

(94) Cf. Gn 3, 5.
(95) Cf. 2 Cor 10, 5.

a própria morte. Mas o Senhor vive e é poderoso para sair do triste sepulcro que quiseram preparar-lhe a presunção, o desdém e o silêncio mal-intencionado.

Mais tarde, o Apóstolo escreverá com profunda tristeza, evocando o orgulho de Jerusalém e de Atenas: "Os judeus pedem milagres e os gregos procuram a sabedoria. Nós, porém, pregamos Cristo crucificado, escândalo para os judeus e loucura para os gentios; mas, para os que foram chamados, sejam judeus ou gentios, força de Deus e sabedoria de Deus"[96].

Corinto

Corinto, a sessenta quilômetros de Atenas, depois de ter sido reconstruída por Júlio César no ano 44 a.C., convertera-se na capital de toda a Acaia e, no tempo de Paulo, era a residência do procônsul. A essa cidade chegou o Apóstolo dos gentios por

---

(96) 1 Cor 1, 22-24.

volta do ano 51-52, após a sua infeliz passagem por Atenas.

O que o levou a Corinto? Situada entre os mares Egeu e Jônico, com dois portos importantes, Cêncreas e Licaonte, a cidade era um mercado importante e lugar de recreio muito conhecido. Contava então cerca de 300 mil habitantes, gregos, romanos, orientais e muitos judeus. Eram comerciantes muito ativos, mas estavam entregues a toda a espécie de costumes dissolutos. Eram proverbiais a embriaguez e a liberdade sexual. *Korinthiezesthai* — "viver à moda coríntia" — equivalia pouco mais ou menos ao que entre nós, até há pouco tempo, era "a vida de Paris". Para os lados do sul, na rocha chamada Acrocorinto, tinha o seu templo a deusa Afrodite, protetora da cidade, com mil raparigas ao seu serviço.

O Apóstolo, que mal tinha obtido algum resultado em Atenas, parecia também fadado a conseguir muito pouco em Corinto. Mas o Senhor apareceu-lhe uma noite e animou-o dizendo-lhe: "Não temas [...], porque tenho muito povo nesta cidade"[97]. Permaneceu ali ano e meio, e Lucas refere gozosamente: "Crispo, chefe da sinagoga, recebeu a fé no Senhor com toda a sua família, e outros muitos coríntios que ouviram Paulo creram e foram batizados"[98].

Tempos atrás, o Senhor dissera aos fariseus: "Os publicanos e as meretrizes hão de preceder-vos no Reino dos céus"[99]. Corinto melhor que Atenas! Porque o orgulho fecha as portas do Reino dos céus com mais desesperança do que a sensualidade.

O Evangelho ia, pois, deitar raízes num ambiente em que os pagãos viviam entregues ao vício e os judeus, como em toda a parte, não podiam reprimir o seu ódio por Cristo. Estes últimos, como já começava a ser costume, denunciaram Paulo diante do procônsul, Galião, irmão de Sêneca[100],

---

(97) At 18, 9.

(98) At 18, 8.

(99) Mt 21, 32.

(100) At 18, 12ss.

que no entanto lhes respondeu: "Se fosse uma injustiça real ou verdadeiro crime, seria razoável que vos atendesse. Mas se são questões de doutrina, de nomes e da vossa lei, isso é lá convosco. Não quero ser juiz dessas coisas"[101].

Despejados do tribunal, os judeus voltaram-se então contra Sóstenes, novo chefe da sinagoga, que fora o seu líder naquele episódio vergonhoso, e o espancaram diante do pretório sem que Galião interviesse. Inesperadamente protegido pela lei, Paulo pôde assim continuar livremente o seu trabalho na cidade.

Por outro lado, não é que Corinto se tivesse convertido de golpe num paraíso cristão. As duas Epístolas aos Coríntios dão uma impressão muito profunda de preocupação por parte do Apóstolo com aquela igreja.

O primeiro desses escritos, redigido em Éfeso no ano 57, teve por causa as desagradáveis notícias que chegavam de lá.

---

(101) Cf. At 18, 12-17.

A comunidade tinha-se dividido entre um partido que seguia Paulo e outro que seguia Pedro. Um escandaloso incesto tinha manchado o bom nome dos cristãos. Havia numerosas discussões sobre a virgindade e o matrimônio, sobre a licitude de comer carne sacrificada aos deuses, sobre o trato com os pagãos, sobre o uso dos dons carismáticos e sobre a ressurreição dos mortos. Toda uma vaga de inquietações e problemas chegava até o Apóstolo, e ele enfrentou-a com energia.

Numa Carta cheia de vida, de prudência e de afeto, foi pondo cada coisa no seu lugar: "Não vos escrevo estas coisas para vos envergonhar, mas admoesto-vos como a filhos muito amados. Ainda que tivésseis mil mestres em Cristo, não tendes muitos pais: ora, fui eu que vos gerei em Cristo Jesus ao anunciar-vos o Evangelho"[102].

A segunda Carta, escrita a caminho da Macedônia, já avançado o outono daquele

---

(102) 1 Cor 4, 14ss.

mesmo ano, palpita de cólera, tristeza, lágrimas, súplicas, ameaças, esperanças; ouvem-se nela todos os registros da alma de Paulo: "Oxalá suportásseis um pouco de loucura da minha parte! Oh, sim, tolerai-me, porque vos consagro um carinho e amor santos [...] e temo que os vossos pensamentos se corrompam e se afastem da sinceridade para com Cristo [...]. Não procuro os vossos bens, mas a vós mesmos. [...] De muito boa vontade darei o que é meu, e me darei a mim mesmo pelas vossas almas, ainda que, amando-vos mais, seja menos amado por vós"[103].

Paulo ataca dura e insistentemente os seus adversários, os judaizantes, sempre empenhados em aniquilar o seu trabalho apostólico. Ao mesmo tempo, suplica uma ajuda para os judeu-cristãos da igreja-mãe de Jerusalém. Que alma grande!

A Carta contém muitos trechos difíceis de entender, porque dizem respeito à situação em que se encontrava a cristandade

---

(103) Cf. 2 Cor 11, 1-12, 18.

coríntia, mas mesmo assim mostra em termos comoventes como vivia, amava e sofria o Apóstolo das gentes. Os capítulos onze e doze, em que ele justifica a sua autoridade com base nos sofrimentos que passou pelos seus filhos espirituais e nos dons sobrenaturais que recebeu, são como que um autorretrato magnífico e insubstituível dessa grande figura da humanidade que ele foi.

Corinto é a canícula, o clímax, na vida de Paulo. Como foi longo o caminho que percorreu desde a primavera em Antioquia da Síria até chegar ali! "Ele levará o meu nome aos gentios". Qualquer outro teria interrompido as suas viagens para gozar pacificamente da serenidade do outono que se aproximava. Mas o outono estava ainda muito longe. Ainda se estendiam novos campos diante do Apóstolo.

Éfeso

Éfeso era como uma irmã de Corinto, personificação da Grécia asiática como

Corinto o era da Grécia europeia. Era política e socialmente a cidade mais importante da Ásia Menor. Plínio chama-a "luz da Ásia"[104]. Foi, ao menos no tempo do imperador Adriano (117-138), sede da província da Ásia, onde residia o procônsul, e centro importante de comércio e intercâmbio por estar situada junto à desembocadura navegável do Caistro, no Mar Egeu, o que a fazia nó de comunicações das estradas romanas.

Assim como Corinto tinha a sua Afrodite, Éfeso tinha a sua Ártemis ou Diana, cujo templo se contava entre as antigas maravilhas do mundo. A cidade gloriava-se de ser "o refúgio e defesa do templo da grande Ártemis", um ídolo disforme e obsceno, enegrecido pelos anos, que os efésios julgavam ter descido dos céus. Mas, precisamente por esse culto, a cidade tinha-se convertido num centro artístico, sem deixar de sê-lo também da superstição e do

---

(104) Plínio, *Historia naturalis*, 5, 29.

vício. Com os seus 200 mil habitantes no tempo de Paulo, apresentava, pois, os mesmos problemas que Corinto. E, para seu gosto ou desgosto, também aqui lhe foi estendida uma mão do alto.

O Apóstolo já tinha o propósito de visitar essa cidade na sua viagem de regresso de Corinto a Jerusalém, onde tinha de cumprir um voto. Efetivamente, passou por lá, mas não quis deter-se, prometendo voltar[105]. Depois das duras fatigas da segunda viagem missionária, desejava ter uns momentos de descanso na sua amada Antioquia.

Mas o Santo Evangelho queimava-lhe as mãos e na sua alma ressoava sem cessar o mandato: "Ele levará o meu nome a todas as nações". Demorou-se em Antioquia da Síria pouco tempo "e partiu de novo e atravessou sucessivamente as regiões da Galácia e da Frígia, fortalecendo todos os

---

(105) Cf. At 18, 18.

discípulos"[106]. Depois de passar por essas províncias, chegou a Éfeso[107].

É provável que em nenhuma outra cidade do mundo o seu trabalho tenha repercutido tanto como lá. Eis o relato gozoso de Lucas: "O nome do Senhor Jesus era exaltado. Muitos dos que haviam acreditado vinham confessar e declarar as coisas que tinham feito. Muitos também, que tinham exercido artes mágicas, traziam os seus livros e os queimavam à vista de todos; calculou-se o seu preço e viu-se que montava a cinquenta mil moedas de prata. Era assim que se ia propagando e fortalecendo a palavra do Senhor"[108].

Essa repercussão fora do comum tinha o seu fundamento em que "Deus fazia milagres extraordinários por intermédio de Paulo, de modo que lenços e outros panos que tinham tocado o seu corpo eram

---

(106) At 18, 23.
(107) Cf. At 19, 1.
(108) At 19, 17-20.

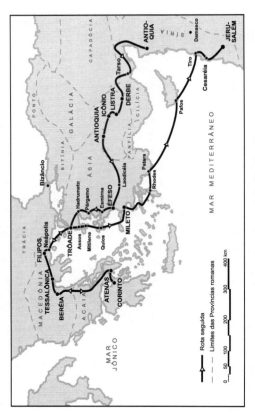

A terceira viagem de São Paulo.

levados aos enfermos; e as doenças se afastavam deles e os espíritos malignos se retiravam"[109].

De qualquer modo, também em Éfeso o Evangelho teve de florescer com sangue. Todos os Apóstolos tinham que dar continuidade não só ao trabalho, mas aos padecimentos de Cristo, "completando na sua própria carne o que falta à paixão de Cristo pelo seu corpo que é a Igreja"[110].

Duas passagens da primeira Epístola aos Coríntios, escrita em Éfeso, dão a entender as graves dificuldades que o Apóstolo teve de enfrentar nessa cidade: "Aqui em Éfeso abriu-se uma grande porta à minha atividade, embora também sejam muitos os adversários"; e a outra: "Combati com feras"[111]. Parece mais plausível pensar que teve de lutar, não propriamente com leões

---

(109) At 19, 11.

(110) Cf. Col 1, 24.

(111) Cf. 1 Cor 16, 9. 15, 32.

e tigres no circo, mas com homens enfurecidos pela sua pregação. Os Atos dos Apóstolos falam dessa luta, a mais encarniçada de todas: a luta por causa do lucro.

A pregação de Paulo, que acabava com todos os deuses e ídolos, ameaçava causar um grave prejuízo a toda uma corporação daquela sociedade. O ourives Demétrio, que "dava muito a ganhar aos artífices com os seus templozinhos de Ártemis em prata", viu que a expansão da doutrina do Apóstolo pela cidade punha em perigo o seu devoto negócio. Lucas conta o episódio, não sem uma certa ponta de humor:

> Por esse tempo, ocorreu um grande alvoroço a respeito do Evangelho. [Demétrio] convocou os artífices, juntamente com os demais operários do mesmo ramo, e disse: "Conheceis o lucro que nos provém desta indústria. Ora, estais vendo e ouvindo que não só em Éfeso, mas em quase toda a Ásia, esse Paulo tem persuadido e desencaminhado muita gente, dizendo

que não são deuses os ídolos que são feitos por mãos de homens. Daí não somente o perigo de que a nossa corporação caia em descrédito, como também que o templo da grande Ártemis seja desconsiderado, e até mesmo despojada da sua majestade aquela que toda a Ásia e o mundo inteiro adoram". Essas palavras encheram-nos de ira e puseram-se a gritar: "Grande é a Ártemis dos efésios!"

A cidade alvoroçou-se e todos correram ao teatro levando consigo Caio e Aristarco, macedônios e companheiros de Paulo. Paulo queria apresentar-se ao povo, mas os discípulos não o deixaram.

Então fizeram sair do meio da turba Alexandre, que os judeus empurravam para a frente. Fazendo sinal com a mão, Alexandre queria dar satisfação ao povo. Mas quando perceberam que ele era judeu, todos a uma voz gritaram pelo espaço de quase duas horas: "Grande é a Ártemis dos efésios!"

Então o escrivão da cidade, para apaziguar a multidão, disse: "Efésios, que homem há que não saiba que a cidade de Éfeso cultua a grande Ártemis, e que a sua estátua caiu dos céus? Se isso é incontestável, convém que vos sossegueis e nada façais inconsideradamente. Estes homens, que aqui trouxestes, não são sacrílegos nem blasfemadores da vossa deusa. Mas, se Demétrio e os outros artífices têm alguma queixa contra alguém, os tribunais estão abertos e aí estão os magistrados: institua-se um processo contra eles. Se tendes alguma reclamação a fazer, a assembleia legal decidirá. Por causa do que se deu hoje, até corremos o risco de sermos acusados de rebelião, porque não há motivo algum que nos permita justificar este ajuntamento". A estas palavras, a aglomeração dissolveu-se[112].

---

(112) Cf. At 19, 23-40.

Paulo trabalhou em Éfeso durante três anos, mais que em nenhuma outra cidade visitada por ele, e ao ir-se embora ficava ligado a essa comunidade por um afeto mais profundo. Como que em penhor desse afeto, pôs à frente dessa igreja o discípulo do seu coração: Timóteo. De Roma, pouco antes de ser libertado da sua primeira prisão, no ano 63, escreveu a Epístola aos Efésios, uma Carta circular a todas as igrejas da Ásia, mas dirigida a Éfeso, porque Éfeso era a capital da Ásia e mãe de todas aquelas igrejas. É a mais profunda e solene de todas as Cartas paulinas. São Jerônimo diz dela que "descobre como nenhuma outra os grandes mistérios"[113]. O seu subtítulo poderia ser "Dons e deveres do cristão".

Em nenhuma outra Carta se encontrarão expressões mais belas sobre a Igreja como continuação da vida de Cristo. São como que um eco impressionante

---

(113) São Jerônimo, *Commentarium in Eph.*, 3, 1 (PL 26, 509).

das palavras do Credo: "Creio na Igreja, Una, Santa, Católica e Apostólica". "Deus constituiu Cristo como cabeça suprema da Igreja, que é o seu corpo, complemento dAquele que tudo preenche [...]. Portanto, já não sois hóspedes nem peregrinos, mas concidadãos dos santos e membros da família de Deus, edificados sobre o fundamento dos Apóstolos e dos Profetas, tendo por pedra angular o próprio Cristo Jesus. É nEle que se apoia e se ergue todo o edifício, até formar um templo santo no Senhor. É nEle que também vós sereis edificados no Espírito, até chegardes a ser morada de Deus"[114].

Paulo desenvolve pensamentos semelhantes na sua Epístola aos Colossenses, escrita na mesma época. A cristandade de Colossos, cidade da província da Frígia, na Ásia Menor, não fora fundada por ele, mas pelo seu discípulo Epafras. No entanto, como se quisesse desculpar-se pelo seu

---

(114) Ef 1, 22-23. 2, 19-22.

escrito, o Apóstolo diz: "Bem sabeis que nós, desde o dia em que soubemos do vosso amor à fé, não temos cessado de orar por vós"[115].

Enquanto a Epístola aos Efésios anuncia a presença soberana de Cristo na sua Igreja, a Epístola aos Colossenses combate alguns erros que pretendiam obscurecer a glória de Cristo no céu: "Cristo é a imagem do Deus invisível, o primogênito de toda a criação. Nele foram criadas todas as coisas, nos céus e na terra, as criaturas visíveis e as invisíveis, os tronos, as dominações, os principados e as potestades. Tudo foi feito nEle e por Ele. Ele existe antes de todas as coisas, e todas as coisas subsistem nEle"[116].

Nas duas Cartas, Paulo traça a majestosa imagem de Cristo que o evangelista São João viria a desenvolver trinta anos mais tarde no seu Evangelho e no seu Apocalipse. E se João pôde oferecer às cristandades

---

(115) Cf. Cl 1, 9.

(116) Cl 1, 15ss.

da Ásia, encabeçadas por Éfeso, uma doutrina tão profunda sobre Cristo, quem sabe se não terá sido porque Paulo lhe abriu o caminho?

Éfeso é um altíssimo cume na vida de Paulo e, ao mesmo tempo, a manifestação do "conhecimento que lhe foi concedido do mistério de Cristo"[117]. Será apenas uma coincidência que, quatrocentos anos mais tarde, precisamente em Éfeso, no Concílio do ano 431, o mistério da pessoa de Cristo tivesse encontrado a sua formulação e a sua clareza definitivas?[118]

A Ilíria

Mesmo que o ourives Demétrio não tivesse conseguido sublevar o povo, Paulo

---

(117) Ef 3, 4.

(118) O Concílio ecumênico de Éfeso, reunido no ano de 431, afirmou a perfeita união das naturezas divina e humana de Cristo na única pessoa do Verbo divino (N. do T.).

não teria permanecido mais tempo em Éfeso. Imediatamente antes de relatar o tumulto, Lucas dá-nos a conhecer o plano de viagem do seu mestre: "Concluídas estas coisas, Paulo resolveu ir a Jerusalém, atravessando a Macedônia e a Acaia, e dizia: 'Depois ter estado lá, é preciso que vá também a Roma'"[119]. Ir a Roma! Que pressentimento e que misterioso anelo!

De Éfeso, foi à Macedônia para visitar as cristandades de Filipos, Tessalônica e Bereia. "Ali animou os fiéis com muitos discursos"[120]. A fim de dar tempo aos coríntios para meditarem na sua segunda Carta, rumou para o noroeste em direção à Ilíria, na costa do Mar Adriático, região que hoje abrange a Albânia e a Dalmácia. Na Epístola aos Romanos, descobre-se a nostalgia que a sua passagem pela Ilíria despertou na sua alma: "Anunciei o Evangelho de Cristo desde Jerusalém até a Ilíria [...]; agora já

---

(119) At 19, 21.

(120) At 20, 2.

não tenho com que me ocupar nestas terras"[121]. Como é possível que um só homem tivesse podido dilatar dessa maneira o Reino de Cristo?

Na realidade, Paulo não teria podido levar a cabo essa tarefa apostólica se não tivesse contado com uma equipe de fiéis e comprovados colaboradores. O relato dos Atos dos Apóstolos apresenta-o, quando regressa da Ilíria e de Corinto após a sua terceira viagem missionária, como um comandante-em-chefe de Cristo Rei, acompanhado pelo seu escolhido cortejo de generais: "Acompanharam-no Sópatro da Bereia, filho de Pirro, Aristarco e Segundo, Gaio de Derbe, Timóteo e, mais tarde, Tíquico e Trófimo da Ásia"[122].

E mais tarde, quando o Apóstolo escrever de Roma a Timóteo, falando-lhe da sorte e destino de cada um dos seus

---

(121) Rm 15, 19.23.

(122) At 20, 4.

colaboradores, parecer-nos-á quase estar a ler o primeiro "diário oficial" da Igreja: "Demas deixou-me por amor deste mundo e se foi para Tessalônica. Crescente foi à Galácia, Tito à Dalmácia. Só Lucas está comigo. Toma contigo Marcos e traze-o [...]. Mandei Tíquico a Éfeso [...]. Erasto ficou em Corinto. Deixei Trófimo doente em Mileto"[123].

Esses colaboradores, aos quais se acrescentariam mais alguns, sobretudo Lucas, Silas e Apolo, solidificaram e multiplicaram a obra de Paulo. Sem esses auxiliares fiéis e nobres, homens ativos e desprendidos como o seu mestre, o Apóstolo não teria podido promover a conversão para Cristo de um mundo que ia "de Jerusalém à Ilíria". Por outro lado, tinha ele a magnanimidade suficiente para não querer fazer tudo por si mesmo. Em cada uma das novas cristandades, punha grande atenção na escolha dos homens a quem confiaria a guarda do

---

(123) 2 Tm 4, 10-21.

Evangelho. Esses homens, jovens na sua maioria, formados na sua escola e pendentes dele, ficavam como seus vigários nas diferentes comunidades, ou eram enviados como visitadores a outras igrejas, ou finalmente eram constituídos pastores — bispos — com plenos direitos e deveres, como Timóteo em Éfeso e Tito em Creta.

As três Cartas chamadas "pastorais" — as duas a Timóteo e a de Tito —, escritas nos últimos anos da vida do Apóstolo, oferecem a esses discípulos o esquema mais completo para a cura de almas e traçam o caminho da organização eclesiástica: "Ninguém te menospreze por seres jovem — escreve a Timóteo —. Ao contrário, torna-te modelo para os fiéis, no modo de falar e de viver, na caridade, na fé, na castidade. Enquanto eu não chegar, aplica-te à leitura, à exortação, ao ensino. Não negligencies os dons da graça que estão em ti e que te foram dados pela imposição das mãos dos presbíteros"[124].

---

(124) 1 Tm 4, 12-14.

E escreve a Tito: "Deixei-te em Creta para acabares de organizar tudo e estabeleceres presbíteros em cada cidade de acordo com as normas que te tracei"[125].

Ao dar às suas cristandades dirigentes próprios, Paulo robusteceu e conferiu permanência ao seu trabalho apostólico. Já o próprio Senhor tinha separado da multidão dos fiéis uns grupos pequenos, primeiro os discípulos, depois os Apóstolos, a quem atribuíra determinadas obrigações e direitos[126]. Paulo foi desenvolvendo esses dados iniciais e pôs à frente de cada uma das igrejas "bispos, presbíteros e diáconos". É verdade que esses ofícios não tinham exatamente os mesmos poderes que têm hoje, mas o essencial é que Paulo deu a cada uma das igrejas uma organização ministerial. As diferentes comunidades foram agrupadas em federações provinciais, e estas eram formadas por comunidades

---

(125) Tt 1, 5.
(126) Mt 18, 18.

judaicas ou gentílicas, que se congregavam em torno da igreja de Jerusalém como seu núcleo e mãe.

Foi assim que Paulo se converteu no Apóstolo da Igreja universal: "Um só Senhor, uma só fé, um só batismo, um só Deus e Pai de todos"[127]. Essa Igreja universal é a que vai proclamando o nome do Senhor através dos séculos, de Jerusalém à Ilíria e até os confins da terra.

---

(127) Ef 4, 5.

"EU LHE MOSTRAREI TUDO O QUE TERÁ DE SOFRER PELO MEU NOME"

O Mestre não redimiu o mundo apenas por meio da palavra, nem somente com os seus milagres, mas sobretudo pelas suas chagas. Sem a Cruz, teria faltado à sua obra humano-divina o coroamento. No cume do Calvário, o Senhor encontrou o cume da sua vida. Por isso rejeitou implacavelmente todos os protestos dos seus seguidores que, desejosos de poupá-lo aos sofrimentos da paixão, o afastariam do seu fim. Não se consegue a redenção dos homens com palavras e prodígios, mas a preço de sangue: "O Filho o homem veio [...] para dar a sua vida como preço pela redenção dos homens"[1].

---

(1) Cf. Mc 10, 45.

Esse doloroso mistério seria válido também para os Apóstolos. É do sofrimento que o trabalho recebe a sua eficácia mais profunda, de tal maneira que, quanto mais um homem sofre, mais pode trabalhar por Cristo. Paulo foi grande pelo trabalho e pela ação, mas não o foi menos pelos sofrimentos. Esse homem extraordinariamente ativo foi também incrivelmente passivo — sofredor —, no sentido mais estrito da palavra. O próprio Deus alude, como que cheio de assombro, a este aspecto da vocação de Paulo: "Eu lhe mostrarei tudo o que terá de sofrer pelo meu nome".

A coroa de espinhos da paixão de Paulo foi tripla: a paixão do convertido, a do pastor e a do mártir.

A última estada em Jerusalém

Paulo entrevia a tríplice coroa que o esperava. Ao despedir-se em Mileto dos anciãos da igreja de Éfeso — antes de seguir para Jerusalém, de regresso da sua terceira viagem apostólica —, falou-lhes como um pai a seus filhos: "Agora, compelido pelo Espírito, vou a Jerusalém, sem saber o que ali me espera. Só sei que, de cidade em cidade, o Espírito Santo me assegura que em Jerusalém me esperam cadeias e perseguições"[2].

Quando chegou a Cesareia marítima, um profeta chamado Ágabo foi ter com ele e exprimiu esses amargos pressentimentos atando os seus próprios pés e mãos com o cíngulo do Apóstolo, e dizendo-lhe: "Isto diz o Espírito Santo: 'Assim os judeus em Jerusalém atarão o homem a quem pertence este cíngulo e o entregarão às mãos dos gentios'. Tendo ouvido isso — prossegue Lucas —, tanto nós como os fiéis daquele lugar suplicamos a Paulo que não subisse a Jerusalém"[3]. Esta cena recorda-nos em muitos pormenores aquela em

---

(2) At 20, 22-23.

(3) Cf. At 21, 10-12.

que o próprio Senhor é pressionado pelos discípulos a desistir da sua última viagem a Jerusalém. A seu exemplo, Paulo passa por cima das súplicas dos amigos para enfrentar valorosamente os seus inimigos na Cidade Santa: "Estou disposto não só a ser preso, mas a morrer em Jerusalém pelo nome do Senhor Jesus"[4].

Quando chegou a Jerusalém, trazendo o resultado da coleta feita pelas comunidades gentílicas em favor da igreja-mãe[5], foi recebido com grande alegria, como refere Lucas. Mas entre os judeus, e em certa medida entre os cristãos vindos do judaísmo, estendera-se o rumor calunioso de que Paulo ensinava "os judeus que vivem entre os gentios a afastar-se de Moisés, dizendo-lhes que não deviam circuncidar os seus filhos nem observar os usos da Lei"[6].

---

(4) At 21, 13.

(5) Cf. 1 Cor 16, 1-4. 2 Cor 8, 1-9, 15.

(6) At 21, 21.

Isso tinha suscitado entre os judeus uma corrente contra ele, tão perigosa que se devia temer pela sua vida, sobretudo numa festa tão solene como o Pentecostes, em que se reuniam em Jerusalém judeus procedentes do mundo todo. Foi a essa preocupação pela sua vida que se deveu uma proposta do Apóstolo Tiago o Menor, bispo de Jerusalém, e dos anciãos daquela comunidade: "Faze o que te vamos dizer. Quatro dos nossos homens fizeram um voto. Toma-os contigo, purifica-te com eles e paga por eles a oferta obrigatória para que possam rapar a cabeça. Assim todos verão que é falso o que se divulgou sobre ti, e que, pelo contrário, também tu guardas a Lei"[7].

Sempre obediente — embora possivelmente lhe repugnasse fazer esse voto —, "Paulo tomou aqueles homens, purificou-se com eles e no dia seguinte entrou no Templo, anunciando ali o termo da sua

---

(7) At 21, 23-24.

purificação. Depois, teve de oferecer o sacrifício por cada um"[8].

Mas foi precisamente essa submissão aos costumes judaicos que despertou contra ele todo o furor popular. Ao fim dos sete dias do cumprimento do seu voto, quando o viram no Templo, os judeus vindos da Ásia amotinaram o povo, lançaram as mãos sobre ele e, arrastando-o para fora do recinto sagrado, quiseram matá-lo. Se o tribuno romano não o tivesse livrado do espancamento dos seus conterrâneos, teria morrido às mãos deles.

Assim começou o primeiro grande cativeiro do Apóstolo, em que lhe valeu de muito a sua condição de cidadão romano. Quando pretenderam açoitá-lo, perguntou ao centurião: "É-vos permitido açoitar um cidadão romano que nem sequer foi julgado?" A pergunta causou alarme entre

---

(8) At 21, 23-26.

a guarnição, e o próprio tribuno se viu obrigado a confessar que adquirira "este direito de cidadão por grande soma de dinheiro". Ao que Paulo lhe deu uma resposta cheia de nobreza e dignidade: "Pois eu o sou por nascimento"[9].

Levado ao sinédrio, e ao ver que ameaçava repetir-se o episódio do Templo, teve uma saída providencial. Aproveitando-se das divergências doutrinárias entre saduceus e fariseus no Conselho, que conhecia tão bem, lançou entre eles o pomo da discórdia: "Irmãos, eu sou fariseu, filho de fariseus. É por causa da minha esperança na ressurreição dos mortos que sou julgado". E, como esperava, as atenções desviaram-se inteiramente do seu caso: "Ao dizer ele estas palavras, houve uma discussão entre os fariseus e os saduceus, e a assembleia dividiu-se. (Pois os saduceus afirmam não haver ressurreição, nem anjos, nem espíritos, mas os fariseus admitem uma

---

(9) Cf. At 22, 23-29.

e outra coisa). Originou-se, então, grande vozearia"...[10]

Frustrados nos seus intentos, mais de quarenta inimigos fanáticos de Paulo uniram-se numa conspiração para assassiná-lo, mas um sobrinho seu denunciou a cilada ao tribuno. Nesse momento doloroso, pôde-se ver Roma, convicta de "não haver nele delito algum que merecesse morte ou prisão"[11], tomá-lo sob a sua proteção e transferi-lo para Cesareia marítima com uma escolta — digna de uma alta personalidade — de "duzentos soldados, setenta cavaleiros e duzentos lanceiros"[12].

Os judeus tinham-no expulsado do Templo e ele fora entregue aos romanos. Nunca mais voltaria a Jerusalém. Sobre ele tinha caído dos lábios do seu povo a terrível sentença: "Tira do mundo esse homem!

---

(10) Cf. At 22, 30-23, 10.

(11) At 23, 29.

(12) At 23, 12-35.

Não é digno de viver! [...] Consideramo-lo uma peste, um indivíduo que semeia a confusão entre os judeus do mundo inteiro"[13].

Paulo passava a ser um excomungado, um perjuro, um empestado aos olhos de todo o seu povo. Paixão dos convertidos! Mas essa paixão não começara com a sua prisão; tinha começado com a sua conversão a Cristo.

Desde aquele dia de Damasco, os judeus tinham-no considerado apóstata e traidor, tinham-no perseguido e temido como um rival poderoso, tinham-no acusado perante as autoridades romanas: "Cinco vezes recebi dos judeus quarenta açoites menos um, três vezes fui açoitado com varas, uma fui apedrejado"[14]. O ódio dos seus conterrâneos não tinha diminuído, antes pelo contrário ansiavam pelo seu sangue.

Essa inimizade do seu povo pelo Apóstolo foi uma das dores mais agudas da sua

---

(13) At 22, 22. 24, 5.

(14) 2 Cor 11, 24.

vida. Porque ele amava fervorosamente a terra dos seus ancestrais, sentia-se orgulhoso de pertencer ao Povo eleito, e, embora tivesse sido chamado a ser Apóstolo dos gentios, antepunha expressamente a estes o melhor direito dos israelitas: "Não te envaideças, oliveira silvestre, que foste enxertada e agora recebes a seiva da raiz da oliveira. Não és tu que sustentas a raiz, mas a raiz que te sustenta a ti"[15]. As confissões da Epístola aos Romanos, inflamadas de paixão e amor, mostram quanto Paulo sofreu com a repulsa do seu povo. Nos capítulos 9, 10 e 11 dessa Carta, rumina esse mistério até chegar finalmente a confiar o seu destino e o do seu povo ao abismo insondável da sabedoria e da misericórdia de Deus.

Jerusalém, fonte dos principais sofrimentos do Apóstolo dos Gentios! Se a rejeição dos judeus fizera Paulo sofrer

---

(15) Cf. Rm 11, 17-24.

a paixão dos convertidos, fora o conflito com os judaizantes que lhe causara os sofrimentos mais dolorosos e mais duros da sua paixão de pastor. Dava-se o nome de judaizantes aos judeus que tinham passado para o cristianismo de um modo mais formal que interno. Sustentavam eles que a Lei e a circuncisão continuavam a ser necessárias para a salvação, mesmo após a vinda de Cristo.

Ainda que, pelo bem da paz, tivesse feito amplas concessões a essas exigências — como, por exemplo, fazendo circuncidar Timóteo e cumprindo ele próprio o voto de nazareno —, Paulo sempre rejeitara inflexivelmente que a circuncisão, a Lei e o culto da Antiga Aliança obrigassem em consciência e fossem necessários à salvação. No Concílio de Jerusalém, propusera, como vimos, que não se impusessem novos fardos aos gentios convertidos.

No conflito com Pedro em Antioquia estendera esse parecer aos judeu-cristãos. Nas Cartas aos Gálatas e aos Romanos, expõe magistralmente o problema: "Eis que eu, Paulo, vos declaro: Se vos circuncidardes, de nada vos servirá Cristo [...]. Se procurardes a justificação pela Lei, estareis separados de Cristo e tereis perdido a graça. [...] Porque de nada vale em Cristo Jesus estar circuncidado ou incircunciso, mas tão somente a fé que opera pela caridade"[16]. Essa conduta inexorável, perante um dos problemas mais graves que o cristianismo já enfrentou, valeu-lhe o ódio dos judaizantes, a quem ele chama mais de uma vez "falsos irmãos"[17]. Que dura lhe fizeram a tarefa apostólica!

De vez em quando, tinha de enfrentar outros problemas igualmente graves: a defesa do Evangelho que pregava e do seu direito à missão apostólica, as suas relações com os primeiros Apóstolos, e até a perseverança das cristandades e províncias fundadas por ele mesmo. Depois das duras peripécias de uma viagem missionária,

---

(16) Cf. Gl 5, 2.

(17) Cf. Gl 2, 4. 2 Cor 11, 26.

ficava espantado com a notícia de que, pelas intrigas dos seus inimigos, os gálatas e os coríntios estavam a ponto de apostatar. E sentia a alma encher-se de amargura quando tinha que defender-se, diante dos seus próprios filhos, das calúnias dos seus adversários contra a legitimidade da sua paternidade espiritual.

Parece um velho esmagado já pela vida quando escreve a Timóteo: "Tu, pelo contrário, seguiste-me de perto [...] nas perseguições, nas provações que me sobrevieram em Antioquia [da Pisídia], em Icônio, em Listra. Que perseguições tive de sofrer!"[18]

Que perseguições tive de sofrer! É como um eco, ao cabo dos anos, da voz do Senhor na aurora da sua vida: "Eu lhe mostrarei tudo o que terá de sofrer pelo meu nome".

A preocupação pela igreja de Jerusalém, posta em perigo por judeus e judaizantes,

---

(18) 2 Tm 3, 10ss.

obrigou Paulo nos últimos anos da sua vida (63-64) a escrever uma Carta aos judeu-cristãos, a intitulada Epístola aos Hebreus. Não sabemos quem a redigiu, pois tanto o estilo como o vocabulário são completamente diferentes das demais Cartas paulinas. Uns pensam que foi Apolo, discípulo e secretário de Paulo; outros que foi São Clemente, mais tarde bispo de Roma. Seja como for, recolhe as ideias do Apóstolo.

Este documento é uma última advertência e palavra de alento de Paulo aos cristãos provindos do judaísmo para que permanecessem na fé. Eram palavras absolutamente necessárias: Tiago, cabeça dos judeu-cristãos tinha morrido; as perseguições iam esgotando a resistência dos discípulos; o velho Templo procurava atraí-los com os últimos fulgores do seu ocaso.

Nessas circunstâncias, Paulo fez brilhar Jesus por cima de Moisés, o Novo Testamento por cima do Antigo: "Moisés foi fiel como servo e testemunha das palavras de Deus. Cristo, porém, o foi como Filho em sua própria casa [...]. Ele veio como Sumo Sacerdote que nos há de alcançar os bens futuros, e através de um tabernáculo mais excelente e perfeito, não construído por mãos humanas"[19].

Cesareia marítima

Cesareia, cidade pagã na costa do Mediterrâneo, era a sede do procurador romano e a capital política da Palestina, e foi para Paulo um símbolo da sua segregação de Israel.

O Apóstolo permaneceria dois anos encarcerado ali, ao arrepio de todo o direito. Pelo menos estava submetido a um regime mitigado, e os seus podiam visitá-lo e prestar-lhe serviços[20]. Os judeus, por sua vez, insistiam com o governador romano em que o tirasse da sua segurança na prisão e o entregasse ao furor deles em Jerusalém.

---

(19) Hb 3, 5-6. 9, 11.
(20) At 24, 23.

O venal governador Félix "esperava que Paulo lhe desse algum dinheiro". No entanto, ouviu-o no tribunal e, ao contrário do seu antecessor Pilatos, não se dobrou perante o ódio sectário dos seus governados. Adiou a questão, e chegou mesmo a pedir ao Apóstolo que lhe explicasse a ele e à sua mulher Drusila, que era judia, a fé em Jesus Cristo. Lucas comenta, porém, com uma certa ponta de ironia amarga: "Mas, como Paulo lhe falasse sobre a justiça, a castidade e o juízo futuro, Félix, todo atemorizado, disse-lhe: 'Por ora, podes retirar-te. Na primeira ocasião, chamar-te-ei'"[21].

Quando a Félix sucedeu Pórcio Festo, este quis agradar aos judeus e manteve Paulo na prisão. Quando os judeus fizeram nova tentativa para que o prisioneiro fosse levado à Cidade Santa, a fim de lhe armarem "uma emboscada e de o assassinarem no caminho"[22], citou o Apóstolo perante

---

(21) At 24, 15.
(22) At 25, 3.

o seu tribunal. Vendo que o procurador estava disposto a entregá-lo às mãos dos judeus, Paulo lançou mão de um recurso decisivo: "Apelo para César"[23]. Essa apelação, legítima por ser ele cidadão romano, transferia o caso para fora do alcance dos seus perseguidores.

Antes de embarcar para Roma, Paulo teria ainda uma última oportunidade de se dirigir aos judeus, embora nessa ocasião na pessoa de um membro da família real dos herodianos, o rei Herodes Agripa II, da Palestina do Norte. Bisneto daquele Herodes o Grande que perseguira Cristo na infância e sobrinho-neto daquele outro que zombara do Senhor durante a Paixão, a sua família era conhecida por ser partidária dos romanos e era objeto de um desprezo quase universal por parte do Povo eleito. Mesmo assim, não deixava de ser membro deste.

Ao visitar o procurador, o rei soube que Paulo se encontrava preso ali e manifestou

---

(23) At 25, 12.

desejo de ouvi-lo. Festo atendeu-o imediatamente. Agripa e a sua consorte compareceram "com grande pompa", e Paulo narrou diante dos três a comovente história da sua conversão[24]. Mas, tal como acontecera em Atenas, quando chegou ao tema da ressurreição de Cristo, enquanto o procurador romano reagia com incredulidade e zombaria — "Estás louco, Paulo! O teu muito saber tira-te o juízo" —, o rei judeu mostrou-se abalado, embora sem se declarar vencido: "Por pouco não me persuades a fazer-me cristão!" Ao que o Apóstolo respondeu com umas palavras que medem toda a grandeza da sua alma e da sua fé: "Prouvera a Deus que, por pouco ou por muito, não somente tu, mas todos os que me ouvem, se fizessem hoje tal como eu sou..., menos estas algemas!"[25]

Termina assim, com esta nota nostálgica e dolorosa, a última estada de Paulo

---

(24) At 26, 1-23.

(25) At 26, 24-29.

entre o seu povo, o Povo eleito. Dali para a frente, abriam-se para ele as portas de Roma: "Apelaste para César, a César irás"[26]. Paulo entrará em Roma, não porém como Apóstolo, mas como prisioneiro, embora viesse a exercer melhor o seu ministério apostólico nessa situação. Ficava desligado para sempre de Jerusalém e só pertenceria a Roma. A sua pátria seria somente Cristo.

Roma

Na Epístola aos Romanos, que escrevera antes da sua prisão em Cesareia, sob o céu azul de Corinto, na Páscoa do ano 58, Paulo informa a cristandade de Roma do seu propósito de visitá-la: "Empenhei-me em anunciar o Evangelho onde o nome de Cristo ainda não havia sido anunciado [...] Foi isso o que muitas vezes me impediu de ir ter convosco. Mas agora já não

---

(26) At 25, 12.

tenho com que ocupar-me nestas terras, e como há muitos anos desejo visitar-vos, espero ver-vos de passagem quando for à Espanha. Espero também ser por vós conduzido até lá, depois que tiver satisfeito ao menos em parte o meu desejo de estar convosco"[27].

A Epístola aos Romanos, a mais extensa, profunda e rica de todas as Cartas paulinas — o que infelizmente faz com que muitos desistam de lê-la —, é como a Suma da pregação do Apóstolo. Nela, apresenta-se a si mesmo e apresenta o seu discutido Evangelho à igreja romana, que certamente já tinha escutado muitos juízos contraditórios acerca dele. Inicia-a, como se fosse um subtítulo, com a exposição da sua tese: "O Evangelho [...] é uma força vinda de Deus para a salvação de todo aquele que crê, em primeiro lugar o judeu e depois também o gentio"[28].

---

(27) Rm 15, 20-24.

(28) Rm 1, 16.

Quando escrevia essa Carta, o porvir ia-o envolvendo como uma negra nuvem: realizaria tão cedo o seu desejo de ver Roma e a Espanha? Ele próprio duvidava disso, e suplica angustiado aos romanos: "Suplico-vos, irmãos, que me ajudeis com as vossas orações, para que me veja livre dos incrédulos da Judeia e para que o auxílio que levo a Jerusalém [a coleta feita entre as comunidades gentílicas] seja bem acolhido pelos irmãos. Então poderei ir ver-vos com alegria e, se for a vontade de Deus, encontrar no meio de vós algum repouso"[29].

Por fim, com dois anos de atraso, chegava a Roma nos primeiros meses do ano 61, aflito e vergado, embora não desfalecido, pelo tempo passado na prisão em Cesareia. Nunca entrou em Roma um vencedor mais vitoriosa e pobremente do que Paulo. Como prisioneiro de Roma, entra na

---

(29) Cf. Rm 15, 30-32.

cidade para conquistá-la para Cristo. Esse judeu acorrentado dará com a espada do seu espírito um golpe mortal à Roma pagã e prestará a ajuda mais poderosa para a fundação da Roma cristã.

Como se previsse o terrível perigo com que esse homem de pequena estatura o ameaçava, o inferno desencadeou na travessia de Creta para Malta uma tempestade tão horrível contra o navio em que viajava, com mais duzentos e cinquenta passageiros, que "houve muitos dias em que nem o sol nem as estrelas se deixaram ver, e a borrasca era tão contínua que já tinham perdido todas as esperanças de salvar-se". Naqueles catorze dias de desespero, o Apóstolo recebeu o consolo de um anjo, que lhe disse: "Não temas, Paulo! É necessário que compareças diante de César, e Deus concedeu-te a vida dos que navegam contigo"[30].

Com efeito, no naufrágio na ilha de Malta — o quarto da carreira do Apóstolo,

---

(30) At 27, 1-26.

conforme o que nos diz na segunda Epístola aos Coríntios[31] —, salvaram-se todos os integrantes da tripulação e da patrulha que o acompanhava. O centurião, já profundamente impressionado com a personalidade do seu prisioneiro, e mais ainda depois de ver que não sofria nenhum tipo de mal-estar após ser mordido por uma víbora, passou a tratá-lo da melhor forma que podia. Hospedou-o na própria casa do governador romano da ilha, Públio, cujo pai o Apóstolo curou, e ainda pôde ver como "vieram ter com ele todos os habitantes da ilha que se achavam doentes, e foram curados"[32].

Assim, é um prisioneiro de grande prestígio, e na verdade o líder daquele pequeno grupo de soldados romanos e de cristãos, que desembarca em Puteoli na primavera seguinte, a caminho de Roma. E quando os cristãos de Roma vêm ao seu

---

(31) 2 Cor 11, 25.

(32) At 28, 9.

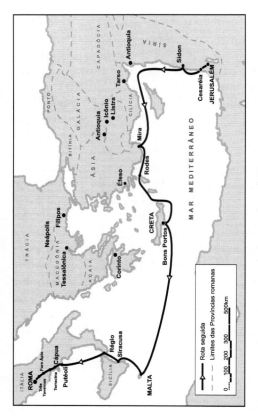

A viagem do cativeiro.

encontro até às Três Tabernas[33], quase se tem a impressão de ver aquele cortejo de dor e miséria transformado em um pequeno cortejo triunfal.

A viagem à Espanha tardaria ainda dois anos a realizar-se, enquanto o tribunal de Roma examinava o seu processo, embora Festo e o rei Agripa II, ainda em Cesareia, já tivessem chegado à conclusão de que "esse homem não fez nada que mereça a morte ou a prisão"[34]. No entanto, teve de ficar preso em Roma, "embora lhe tivessem permitido morar numa casa com o soldado que o vigiava"[35].

No dia que marcaram para ouvir falar de Cristo, os judeus da cidade tomaram a mesma atitude contraditória dos judeus de toda a parte. "Uns creram, outros

---

(33) Cf. At 28, 15.
(34) At 26, 31.
(35) At 28, 16.

persistiram na sua incredulidade, e, não se pondo de acordo entre eles, retiraram-se"[36]. Desse modo, a pregação do Evangelho ficava livre para passar definitivamente aos gentios. Com efeito, no seu cativeiro domiciliar, Paulo começou a fazer cativos para Cristo entre os soldados encarregados da sua guarda, os quais, em vez de conversarem sobre salários, vinho e mulheres, comentavam entre eles a estranha mensagem que lhes anunciava aquele admirável prisioneiro.

Na Epístola aos Filipenses, escrita da prisão, Paulo participa gozosamente àquela amada cristandade: "Quereria que soubésseis, meus irmãos, que os acontecimentos que me envolvem têm sido benéficos para o Evangelho. Em todo o Pretório e em toda a parte tornou-se conhecido que é por causa de Cristo que estou preso. E a maior parte dos irmãos, ante a notícia das minhas cadeias, cobraram nova confiança

---

(36) At 28, 24.

no Senhor e atrevem-se a pregar sem medo a palavra de Deus"[37].

A Espanha

Os Atos dos Apóstolos e as Cartas escritas da prisão permitem situar com alguma certeza a libertação de Paulo. Um dia abriu-se a porta da sua jaula e a águia voou novamente, agora para a Espanha. Deve ter sido entre os anos 63 e 65, e a viagem não foi relatada pelos escritores sagrados. Lucas conclui os Atos com a primeira prisão em Roma e com estas palavras: "Paulo pregava com toda a liberdade e sem que ninguém o incomodasse o Reino de Deus e a doutrina sobre o nosso Senhor Jesus Cristo"[38]. No entanto, temos testemunhos antiquíssimos, do século I, que confirmam que o Apóstolo pôde realizar a

---

(37) Fl 1, 12.
(38) Cf. At 28, 30-31.

viagem à Espanha que anunciara na sua Carta aos Romanos[39].

A Espanha! Essa foi a última prova da imensidade do apostolado de Paulo. Dali não se podia passar, porque nas "colunas de Hércules" — o atual estreito de Gibraltar — terminava o mundo de então. Paulo cumpriu ao pé da letra, por si e pelos demais Apóstolos, o mandato do Senhor de levar o seu testemunho até os confins da terra. Lá no longínquo Oriente, do outro lado do Mediterrâneo, ficava Antioquia da Síria, a cidade que fora a sua primavera; aqui, na Espanha, no extremo ocidental do mundo conhecido, o Apóstolo encontrava-se com o crepúsculo e o outono do seu apostolado. Entre Antioquia e a Espanha estendiam-se os campos imensos do seu verão, a Galácia, Filipos, Tessalônica, Corinto, Éfeso, a Ilíria, Roma. Que general pôde conquistar para o seu rei um

---

(39) São Clemente Romano, *Epístola aos Coríntios*, 5, 6 (PG 219 e ss.). *Fragmento de Muratori*.

império como o que Paulo conquistou para Cristo?

Imaginem-se os quilômetros que esse homem de Deus, pobre, franzino e doente, teve de percorrer até chegar à Espanha. E em que condições! As chuvas torrenciais e as tormentas espantosas fechavam-lhe o caminho, mas ele continuava em frente. Quando não encontrava uma fonte clara onde matar a sede, quando não tinha um pedaço de pão para acalmar a fome, quando não encontrava uma casa amiga onde hospedar-se, ele continuava em frente. Diante dos seus olhos erguiam-se as montanhas e abriam-se os desfiladeiros, mas ele continuava em frente. Bandos de ladrões ameaçavam-no nas estradas, povos hostis negavam-lhe hospitalidade, mas ele continuava em frente. Com frequência, teve de cruzar os mares em navios carregados de homens, sendo joguete das ondas, salvando-se em balsas de vários naufrágios, mas ele continuava em frente.

Na segunda Epístola aos Coríntios, lemos uns versículos cheios de sentimento em que se resumem as canseiras deste herói e que nos deixam conjeturar, mais que medir, os sofrimentos pelos quais teve de passar: "São ministros de Cristo [os judaizantes]? [...] Eu, ainda mais. Muito mais pelos trabalhos, muito mais pelos cárceres, pelos açoites sem medida. Muitas vezes vi a morte de perto. Cinco vezes recebi dos judeus os quarenta açoites menos um. Três vezes fui flagelado com varas. Uma vez apedrejado. Três vezes naufraguei, passei uma noite e um dia no abismo. Viagens sem conta, exposto a perigos nos rios, perigos de salteadores, perigos da parte dos meus concidadãos, perigos da parte dos pagãos, perigos na cidade, perigos no deserto, perigos no mar, perigos entre falsos irmãos! Trabalhos e fadigas, repetidas vigílias, com fome e sede, frequentes jejuns, frio e nudez!"[40]

Assim escrevia Paulo no ano 57, quando talvez ainda não tivesse passado nem pela

---

(40) 2 Cor 11, 23-27.

metade das calamidades que teve de sofrer: "Eu lhe mostrarei tudo o que terá de sofrer pelo meu nome".

Mas todos esses sofrimentos e canseiras foram apenas uma leve amostra da sua luta e paixão pelas almas. Paulo sofria por elas. Estamos habituados a contemplar a Igreja primitiva como o protótipo, mais admirável que imitável, da vida cristã. Não há dúvida de que o sopro impetuoso do Pentecostes fez florescer uma magnífica primavera, mas nas Cartas de Paulo encontramos a medida exata para discernir, no meio da exaltação, a verdadeira realidade da situação espiritual da Igreja.

Em certo momento, o Apóstolo fala aos coríntios sem paliativos nem rodeios: "Não vos enganeis: nem os fornicadores, nem os idólatras, nem os adúlteros, nem os efeminados, nem os sodomitas, nem os ladrões, nem os avarentos, nem os bêbados, nem os difamadores, nem os que vivem da rapina hão de possuir o Reino de Deus. E isso fostes alguns de vós". E como que para animá-los, acrescenta, suavizando o tom: "Mas agora fostes lavados, santificados e justificados"[41].

Ninguém como Paulo, porém, sabia quanto cuidado, paciência, prudência, energia, entusiasmo e graça eram necessários para guardar a messe de Cristo. Porque os nossos primeiros irmãos na fé não viviam isolados numa ilha de bem-aventurança, e sim — como os homens do nosso tempo nas grandes cidades — no meio da corrupção e da perversidade de um paganismo dissoluto que o Apóstolo descreve com a maior crueza na Epístola aos Romanos.

Como cuidou ele daquele seu pequeno rebanho perdido nas cidades do mundo! Incansável, foi vencendo distâncias sem se importar com a dureza dos caminhos, mas pensando e orando não só para poder conquistar novas cidades para Cristo, mas para confortar os que vacilavam na fé. Nos miseráveis albergues, passava insone as suas

---

(41) Cf. 1 Cor 6, 9-11.

noites procurando o modo de remediar a inconstância dos gálatas, a desunião dos coríntios, ou de tirar os tessalonicenses dos perigos que os ameaçavam. Preocupava-se com os efésios e os colossenses, ameaçados pela falsa gnose.

Mas também manifestava o seu agradecimento aos filipenses e não se esquecia de exortar Evódia e Síntique a continuarem a manifestar o seu zelo. Suplicava benevolência para o escravo fugitivo Onésimo e preocupava-se pelos achaques de Timóteo: "Não continues a beber apenas água, mas misturada com um pouco de vinho, por causa do teu estômago e das tuas frequentes indisposições"[42]. Homem admirável, que na prisão e sob o peso esmagador de um mundo inteiro, chega a preocupar-se com a debilidade do estômago do seu discípulo!

A sua solicitude pela sua grei não era protocolar e fria. Ele não era nenhum

---

(42) 1 Tm 5, 23.

mercenário, dos que pensam terem cumprido o seu dever simplesmente por terem cumprido o que está escrito nos livros e nos regulamentos. Era o bom pastor, que se desvelava pelos noventa e nove justos e pelas centenas e milhares de ovelhas perdidas. Não havia necessidade que o deixasse impassível; não havia lamento que não encontrasse eco nele; não havia dor que não lhe chegasse ao coração: "Pesa sobre mim a solicitude por todas as igrejas. Quem adoece que eu não adoeça? Quem se escandaliza que eu não arda?"[43]

As necessidades das igrejas deixavam-no tão angustiado que certa vez chegou a exclamar: "Não quero que ignoreis, irmãos, as tribulações que padecemos na Ásia, tão superiores às nossas forças que dávamos por perdida a nossa vida e nos parecia que já tinha sido anunciada a nossa sentença de morte"[44]. A paixão do bom pastor! "Eu

---

(43) Cf. 2 Cor 11, 28.

(44) Cf. 2 Cor 1, 8.

lhe mostrarei tudo o que terá de sofrer pelo meu nome"...

Nobre e silenciosa inquietação pelas almas que rasga as fibras do coração! Angústia e luta que se prolongam pelas horas do dia e pelo sono da noite! Essa gozosa esperança, essa cruel esperança, esse esperar contra toda a esperança, esse "brotar da esperança que desponta docemente no coração, mais suavemente que os finos botões de abril"[45], essa esperança é a que está escrita na fronte sulcada de rugas dos pais, e nos olhos banhados de uma suave tristeza dos sacerdotes, e mais profundamente ainda no coração das mães.

Bem merecem as almas que nos preocupemos por elas; nada nem ninguém como as almas é tão digno das lágrimas e do sangue. Foram redimidas pelo sangue de Cristo, e quem tenha de cuidar delas terá também de derramar vermelhas e amargas gotas do seu sangue no cálice da Salvação.

───────────

(45) Charles Péguy.

Paulo absorveu profundamente o último mistério do cuidado das almas: "Alegro-me nos sofrimentos que padeço por vós e cumpro na minha carne o que falta à paixão de Cristo pelo seu corpo, que é a Igreja"[46].

A *última viagem*

Não sabemos com precisão quanto tempo e em que lugar da Espanha Paulo missionou. Depois dessa missão, o Apóstolo, sobre quem iam caindo as sombras do entardecer, partiu novamente para as terras onde nasce o sol. A sua última viagem é talvez a mais grandiosa e certamente a mais impressionante. Foi como se, já velho, quisesse estreitar pela última vez, contra o coração, todas as igrejas.

Não podemos seguir detalhadamente essa grande viagem, mas os dados que encontramos nas Cartas a Timóteo e a Tito permitem-nos determinar as principais

---

(46) Cl 1, 24.

etapas dessa despedida. Não voltou mais à terra da sua juventude, Tarso, nem a Antioquia da Síria e Jerusalém. Mas visitou a ilha de Creta e ali deixou Tito à frente da comunidade. De lá foi a Éfeso, confiando essa privilegiada cristandade aos cuidados de Timóteo. Com o olhar feliz de um pai ancião, saudou as igrejas já adultas da Macedônia. Despediu-se serenamente de Trôade e Mileto. Enviou a sua paz e a sua última bênção a Corinto, a igreja das suas preocupações. E agora que tinha cumprido a tarefa que o Senhor lhe confiara, voltava a Roma para ali dar a última coisa que possuía: a vida. Porque o Bom Pastor dá a vida pelas suas ovelhas.

Sentir-nos-íamos decepcionados se a existência de Paulo tivesse tido outra conclusão que não o martírio. Só a morte pelo Senhor era o final digno de uma vida que tinha estado totalmente consagrada a Cristo. E reveste-se de uma simbólica importância que o Apóstolo dos gentios tivesse concluído a sua carreira em Roma. Era no centro desse Império percorrido por ele de ponta a ponta que lhe seria concedida a coroa. Era em Roma que o terreno onde se construiria o novo Reino, qual árvore frondosa em que os pássaros do céu fariam os seus ninhos, seria regado com o seu sangue e com o sangue de Pedro para que florescesse a Igreja universal.

Não temos nenhuma informação precisa sobre os motivos, duração e circunstâncias da segunda prisão, que foi mais dura que a primeira, se bem que, como esta, por amor de Cristo: "Padeço pelo Evangelho a ponto de ver-me entre cadeias, como um malfeitor"[47].

A segunda Epístola a Timóteo dá-nos uma ideia da situação espiritual do Apóstolo nessa altura. Fatigado, agradecido e feliz, passa em revista a sua vida. Agora encontra-se só, tal como até os mais ilustres se encontram perante a morte, mas ainda vive: "Sabes que todos os da Ásia se afastaram de mim, entre eles

---

(47) Cf. 2 Tm 2, 9.

Figelo e Hermógenes. O Senhor conceda a sua misericórdia à casa de Onesíforo, que muitas vezes me reconfortou e não se envergonhou das minhas cadeias [...]. Na minha primeira defesa, ninguém me assistiu, mas todos me desampararam"[48]. Paulo sofre também o seu Getsêmani e treme perante a morte: "Procura vir ter comigo quanto antes [...]. Apressa-te a vir antes do inverno"[49].

Mas, por sobre todas as humanas angústias pelas quais têm de passar os mártires de Cristo, brilha a aurora da Páscoa: "Estou a ponto de ser imolado e já se aproxima o tempo da minha libertação. Combati o bom combate, terminei a minha carreira, guardei a fé. Resta-me agora receber a coroa da justiça que o Senhor, justo juiz, me dará naquele dia [...] O Senhor me salvará de todo o mal e me conduzirá ao seu reino celestial. A Ele a glória por toda a

---

(48) 2 Tm 1, 15-16. 4, 16.
(49) 2 Tm 4, 10.21.

eternidade. Assim seja"[50]. Com esse louvor a Cristo avança pelo arco triunfal da morte para o Reino dos céus.

Testemunhos fidedignos da tradição afirmam que Paulo sofreu o martírio no reinado de Nero, no ano 67, na Via Ostiense, junto às Tre Fontane, onde foi decapitado[51]. Os seus restos mortais descansaram nessa saída de Roma, numa propriedade da matrona Lucina, até a perseguição de Valeriano, no ano 158. No ano 258, foram depositados nas catacumbas de São Sebastião, junto com os restos mortais de São Pedro.

Pedro e Paulo, tão diferentes pelo seu modo de ser, formação e instrução, e pela sua carreira apostólica, mas unidos em Cristo, tiveram durante muito tempo o mesmo santuário. Em memória dessa trasladação, fixou-se o dia em que teve lugar — 29 de

---

(50) 2 Tm 4, 6-8.18.

(51) São Clemente Romano, *Epístola aos Coríntios* 5, 7 (PG 219 e ss.). Eusébio de Cesareia, *Historia Ecclesiastica* 2, 2, 7 (PG 20, 287).

junho — como festa comum a ambos os príncipes dos Apóstolos. No pontificado de São Silvestre (314-335), os restos mortais puderam voltar ao lugar do martírio de cada um, os de São Pedro ao Vaticano e os de São Paulo à Via Ostiense. Não tardou a construir-se um magnífico edifício sobre o sepulcro do Apóstolo dos gentios: São Paulo extramuros, fora das muralhas. Sim, fora das muralhas, porque não houve muralhas, nem mesmo as de Roma, que pudessem encerrá-lo. Paulo é o Apóstolo sem fronteiras, e os limites do seu ministério apostólico confundem-se com os da terra.

Pretende uma lenda que, ao ser decapitado, brotou leite do lugar do golpe. Mas não foi leite: foi sangue, sangue rubro, quente, o último sangue como o que brotou do coração do Senhor quando um dos soldados o trespassou com uma lança. O íntimo mistério de São Paulo não é leite, mas sangue.

Ao considerarmos a imensidade da sua vida, chegamos a pensar que nos encontramos na presença de um gigante da vontade e do espírito: Paulo, com efeito, é um gigante, mas não reside nisso o mistério da sua vida. Ou chegamos a pensar que foi a obsessão de uma ideia que o lançou a tantos trabalhos e sofrimentos: nele floresce, sem dúvida, uma espécie de paixão, mas não está animada pelo fogo de uma fria ideia. Ou chegamos a pensar que ele sufocou em si tudo o que tinha de humano para empreender a caminhada do herói, mas esta seria a mais injusta de todas as suposições, porque o Apóstolo jamais sacrificou o seu coração em aras de uma atitude heroica: ele foi sempre um homem, e, como um homem, temeu e esperou, sofreu e chorou.

Se, apesar do cúmulo gigantesco de fadigas e padecimentos que pesava sobre ele, não se sentiu amargurado nem vacilante, mas "transbordante de alegria em todas as tribulações"[52], essa atitude não se deveu senão à força de um imenso amor. Só a

---

(52) Cf. 2 Cor 7, 4.

imensidade do seu amor pode explicar a imensidade de todos os seus sofrimentos e trabalhos. Só pelo amor pôde realizar as obras que levou a cabo e suportar os sofrimentos que teve de padecer. Paulo não foi dominado por uma ideia, mas por um amor. Possuído por esse amor, escreveu em certa ocasião: "Eu vivo, mas não sou eu que vivo; é Cristo que vive em mim. Eu vivo na fé no Filho de Deus, que me amou e se entregou à morte por mim"[53].

Amor de Paulo por Cristo! O relâmpago de Damasco brilha e estende-se como um vulcão. Esse amor jamais chegará a sossegar-se em Paulo nem lhe deixará um momento de repouso. "O amor de Cristo nos compele", exclama como que extasiado[54]. Lançou-se inflamado em fogo de amor ao turbilhão do coração divino-humano de Cristo, e "em Cristo Jesus" — esta expressão aparece cento e quarenta e seis vezes

---

(53) Cf. Gl 2, 20.
(54) 2 Cor 5, 14.

nas suas Cartas — encontra-se ele como a brasa na fogueira, como a águia nos ares, como a criancinha no regaço de sua mãe.

Cristo não é para ele uma figura histórica, Cristo é para ele "a vida", e morrer por Ele é aos seus olhos "lucro". "Sinto-me pressionado dos dois lados: por uma parte, desejaria desprender-me [dos laços deste corpo] para estar com Cristo, o que seria imensamente melhor; mas, por outra, continuar a viver é mais necessário por causa de vós"[55].

Aqui se manifesta a característica do seu amor por Cristo. Seria interessante comparar o amor de Paulo por Jesus com o de João. João vive na quietude do amor, Paulo na inquietação do amor. João repousa junto do coração do Senhor, Paulo move-se longe do Senhor: porque não podia permanecer junto do coração divino sem antes lhe ter trazido da última lonjura o último homem.

---

(55) Cf. Fl 1, 21-26.

O seu amor corre atrás da ação, como o fogo corre atrás da lenha seca, e por isso a sua atividade não é mera agitação, mas está transida de amor. De um amor que o faz suspirar pelo sofrimento, mais ainda do que pelo trabalho. Porque só por um amor assim poderá assemelhar-se Àquele a quem ama. Esse amor apaixonado até ao sofrimento manifesta-se na sua Carta mais dolorida: "Longe de mim gloriar-me senão na cruz do nosso Senhor Jesus Cristo, pela qual o mundo está crucificado para mim e eu para o mundo [...]. Trago impressas em mim as chagas do Senhor Jesus"[56].

Roma! Desta última etapa da vida de São Paulo os nossos pensamentos voltam por um longo caminho para a aurora da sua infância em Tarso. Paulo foi grande, trabalhou muito, sofreu mais, mas sobretudo amou. Perante este gigante, sentimo-nos cada vez mais pequenos. Que pouco

---

(56) Gl 6, 14.17.

é o que temos feito por Jesus Cristo! Que pouco o que temos sofrido por Ele! Como preencheremos a nossa insuficiência? Paulo levanta-se do solo embebido no seu sangue, contempla-nos com o seu olhar límpido e cheio de bondade, e do mais íntimo do seu coração entoa o seu cântico mais belo:

Ainda que eu falasse as línguas dos
                            homens e dos anjos,
se não tiver caridade, sou como o bronze
                                 que soa
ou como o címbalo que tine.
Mesmo que eu tivesse o dom da profecia,
e conhecesse todos os mistérios
                            e toda a ciência;
mesmo que tivesse toda a fé, a ponto
                          de mover montanhas,
se não tiver caridade, nada sou.
Ainda que distribuísse todos os meus bens
                              pelos pobres,
e entregasse o meu corpo para ser queimado,
se não tiver amor, de nada me aproveitaria.
A caridade é paciente, é bondosa.

Não tem inveja,
não é orgulhosa [...],
não se irrita, não guarda rancor [...].
Tudo desculpa, tudo crê,
tudo espera, tudo sofre.
Por ora subsistem a fé, a esperança
*   e a caridade, essas três.*
Mas a maior delas é a caridade.
Correi atrás dela até que a alcanceis[57].

Corremos nós atrás da caridade que está em Cristo Jesus?

---

(57) 1 Cor 13, 1-14, 1.

Direção geral
Renata Ferlin Sugai

Direção de aquisição
Hugo Langone

Produção editorial
Juliana Amato
Gabriela Haeitmann
Ronaldo Vasconcelos
Roberto Martins

Capa
Gabriela Haeitmann

Diagramação
Sérgio Ramalho

ESTE LIVRO ACABOU DE SE IMPRIMIR
A 21 DE AGOSTO DE 2024,
EM PAPEL OFFSET 75 g/m².